2024

九星別 ユミリー風水

五黄土星《ごおうどせい》

直居由美里

大和書房

風水は人が幸せに生きるための環境学

人は地球に生まれ、その地域の自然環境と共存しながら生き、生涯を終えます。その人の生涯を通して、晴れの日や嵐の日を予測しながら幸せに生きていくための環境学が風水です。

人は〝宿命〟という、生まれながらにして変えられない条件を背負っています。自分では選べない生きるうえでの条件なのですが、二十歳《はたち》頃から自らが社会に参加し生きていくようになると、宿命を受け止めながら運命を切り開くことになるのです。

そうです。運命は変えられるのです。

「一命《いちめい》二《に》運《うん》三《さん》風水《ふうすい》四《し》積陰徳《せきいんとく》五《ご》唸書《ねんしょ》」という中国の格言があります。人は生まれてから、自らが自らの命を運んで生きている、これが運命です。風水を取り入れることでその落ち込みは軽くなり、運気の波は上り調子になっていくのです。そして、風水で運気が上昇していく最中でも、人知れず徳を積み（四積陰徳）、教養を身につける（五唸書）努力が必要であることを説いています。これが本当の幸せをつかむための風水の考え方です。

出会った瞬間からハッと人を惹きつけるような「気を発する人」はいませんか？「気」とは、その人固有の生きる力のようなもの。自分に適した環境を選べる“磁性感応”という力を持っています。

本書で紹介している、あなたのライフスター（生まれ年の星）のラッキーカラーや吉方位は、磁性感応を活性化させてよい「気」を発し、幸運を引き寄せられるはずです。

CONTENTS

2024年はこんな年

若々しいパワーに満ちる1年

2024年は三碧木星《さんぺきもくせい》の年です。20年間続く運気のタームである、第九運の始まりの年にもなります。

これからは新しい生活環境や働き方をはじめ、世の中のシステムが見直されていきます。2024年は三碧の象の力強い若い力をあらわし、若者の行動や新規ごとに注目が集まりそう。新しい情報や進歩、発展、活発、若さなどがキーワードになります。

若者がニュースの主役に

九星の中で最も若々しいパワーを持つ三碧ですが、未熟さ、軽率、反抗的な行動なども要素として持っています。よくも悪くも10代の言動が、社会を驚かせることでしょう。安易な交際や性犯罪の話題があるかもしれません。

草木は発芽するときに、大きなエネルギーで固い種子の皮を打ち破ります。そのため、爆発的な力を持っていることも2024年の特徴です。

新しい価値観がトレンドを生む

子どもの教育やスポーツにも関心が集まります。大きなスポーツ大会では、若い選手たちの活躍が期待できます。また、ＡＩを駆使した音楽もつくられていくでしょう。コンサートやライブなどの音楽イベントもＩＴ技術によって、新しいスタイルが定番となります。若い男性ミュージシャンや評論家、ボーイズグループも目立ち、ソロ活動する人にも注目が集まるでしょう。

ファッションも、若者たちの感性から、新しい素材やユニセックスを意識したスタイルが生まれます。

言葉によるトラブルに注意を

三碧には言葉や声という象意《しょうい》もあります。若者特有の言葉や造語が流行語になります。また、詐欺や嘘が今以上に大きな社会問題になる可能性が。地位ある人や人気者が失言により失脚することもあるでしょう。

ガーデニングなど花にかかわる趣味やイベントが注目を集めます。風水では生花はラッキーアイテムのひとつですが、特に２０２４年は季節の花を欠かさないようにしましょう。また、新鮮、鮮度も三碧の象意。初物や新鮮な野菜を使ったサラダがおすすめです。

2024年

五黄土星のあなたのラッキーアイテム

肥沃《ひよく》な土壌を象徴する五黄土星。
2024年はクリスタルなどキラキラ輝くアイテムがラッキー。

バッグの中身

クリスタルのコンパクト

ふたなどにクリスタルがあしらわれたコンパクトケースがラッキー。クリスタルを盤面にほどこした腕時計もよい気を呼び込みます。

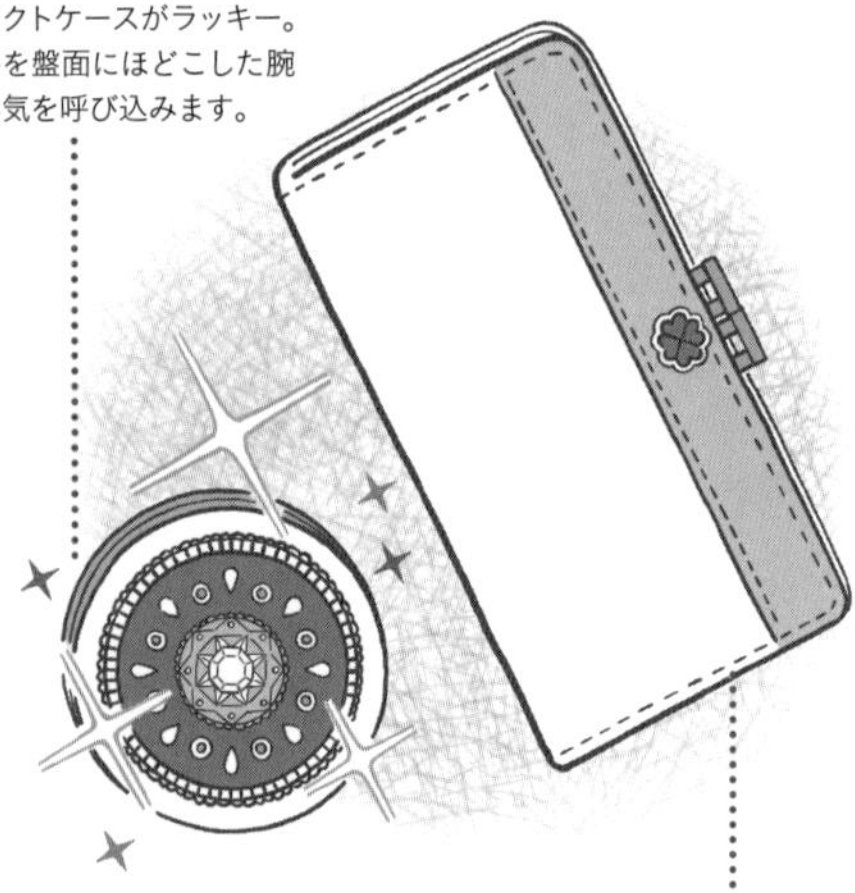

黄色いお財布

お財布を替える予定があるなら、黄色いお財布がおすすめです。形はお金が出し入れしやすい長財布を選ぶと金運にもよい影響が。

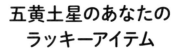

クリスタルやゴールドの アイテムで幸せを引き寄せて

インテリア

壁かけ時計

壁かけ時計も2024年のラッキーアイテムです。形は丸いものを選び、リビングなどよく目に入る位置に置いてください。

ゴールドのブレスレット

ゴールドのブレスレットを見せる収納にしてインテリアでも楽しんで。モチーフは星や渦巻きがおすすめです。

A MESSAGE TO YOU

五黄土星のあなたへ

五黄は肥沃な土、豊かな土壌を象徴
2024年は人やお金に恵まれる金運

五黄土星の生きる力を象徴するのは、肥沃な土（腐葉土《ふようど》）のエネルギーです。五黄は万物を支配する帝王の星であり、あらゆるものの中心になる存在。周囲の評価に関係なくわが道を行くことができるのは、あなたに備わっている才能です。第1章の「五黄土星の自分を知る」を読めば、あなたがまだ気づいていない隠れた力がわかります。

五黄の2024年は、金運がめぐります。喜びごとが多く、交友関係が広がる1年となります。趣味やレジャーの仲間が増え、楽しく充実した時間を過ごせるでしょう。華やかな雰囲気に包まれ、あなたの人気も高まります。出費はかさみますが、出会いの場には積極的に参加し、人生の財産である人脈を広げてください。新しい人脈がもたらすチャンスもあり、好循環が生まれます。調子にのって羽目を外すと、運気の波にのれないので気をつけましょう。

年齢別 五黄土星の2024年

20歳　2004年生まれ／申年

恋のチャンスが目白押し。モテ期到来です。でも遊び気分で付き合っていると、本当の恋を逃します。また、軽い気持ちで、友人にお金を借りると、それが噂になってしまいます。どんなときも誠実さを忘れないこと。

29歳　1995年生まれ／亥年

気がのらないお誘いでも、断らずに参加してみて。未知の世界で活躍する人と出会うチャンスが隠れています。仕事後にプライベートを楽しんだ翌日は、遅刻厳禁です。せっかくの運気を下げるきっかけになります。

38歳　1986年生まれ／寅年

お金の循環がよくなります。将来を見据えながら、上手な使い方を心がけましょう。交際費や自己投資はセーブしないこと。人のためにお金を使うと、お金では買えない人脈という宝物が自然と手に入ります。

47歳　1977年生まれ／巳年

若者のトレンドに触れると、パワーをもらえます。スイーツや雑貨、音楽など若者文化を体験しましょう。特に少女系アイドルがおすすめです。アイデアが生まれるきっかけになり、新しいチャンスに恵まれます。

年齢別 五黄土星の2024年

56歳 1968年生まれ／申年

友人たちとレジャーを楽しみましょう。心が豊かになる時間を共有できます。気持ちの余裕が、金銭的な豊かさにつながります。友人たちとよい気の交換をするためにも、笑顔で会話するようにしましょう。節度ある大人のお付き合いを心がけてください。

65歳 1959年生まれ／亥年

食べすぎ、飲みすぎに注意してください。生活習慣病にならないようにコントロールしましょう。体重や血圧は毎日計測し、健康状態をチェックすること。また、デンタルケアも重要です。風水アクションのひとつである散歩をして、運気の基礎づくりをしましょう。

74歳 1950年生まれ／寅年

もう一度、マネープランを練り直しましょう。ローンなどは組まず、手元にあるお金を有効に使えるようにすることが大切です。また、貸したお金は返済を求めてみましょう。面倒見がいいあなたですが、よい気を呼び込むためには、けじめをつけることも大切です。

83歳 1941年生まれ／巳年

充実したシルバーライフが送れるでしょう。若い才能を発見して後援者になる可能性もあります。ただし、あまりのめり込まず、適度な距離感を保つこと。いろいろな世代の人と一緒に会食する機会も増えます。カフェでは若者文化の情報収集をしましょう。

第1章 五黄土星の自分を知る

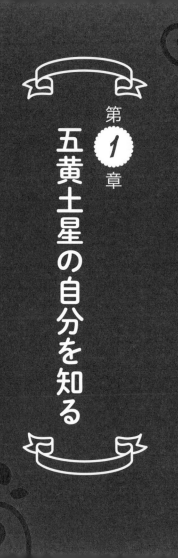

五黄土星はこんな人

ラッキーカラー　金色・黄色・キャメル・クリーム色

ラッキー方位　中央

万物を支配する強い意志の持ち主

五黄土星は〝帝王の星〟。統率力《とうそつりょく》と支配力は九つの星の中では一番です。〝五黄〟は中国の黄色い土を意味します。広大な大地の土なのです。大地は万物を育てる良質な土と腐敗消滅させてしまう両極端な性質を持ち合わせています。五黄土星の人は両極端な面を秘めているので、いい面と悪い面の二面性があるのです。

逆境にも負けない独立心の強いリーダータイプで、威厳《いげん》と統率力を持ち合わせていますが、自己主張が強く、常に自分の考えが正しいと信じています。他人の意見を受け入れず、集団行動は苦手。でも、孤独には強く、人が自分をどう思うかにも興味がありません。短気で強情で気位が高く、ときには人を侮《あなど》ったりするので、人の恨《うら》みをかいやすい傾向があります。反面、親分肌で慈悲深く、やさしい一面も持っています。弱い立場の人や、自分を頼ってくる人には親身になって相談にのります。自分より権力のある人には、競争心を隠さず、また不正をみつけると許すことができません。

ラッキーカラーは金色、ラッキー方位は中央

右ページにあるラッキーカラーとは、一生を通してあなたの運気を助ける守護色です。色のパワーがあなたに働きかけ、あなたの発する気をよいものにしてくれます。住まいのインテリアや洋服、持ち歩くものに取り入れるようにしましょう。また、ラッキー方位とは自然界のよい気が自分に流れてくる入口のようなもので、住まいの中で大切にしたい方位です（48ページ参照）。五黄土星のラッキー方位は中央なので、住まいの中央が汚れていると邪気のまじった気を受けることになります。ですから、いつもきれいにしておくことが大切です。また、中央を枕にしたり、中央を向いて座ったりすることで、あなたの内側から湧いてくる力を高める効果もあります。

五黄土星の人生

周囲に迎合しない晩成運の人

五黄土星の持つ、周囲を育てもし、腐らせもする強さは、善悪という性格の二面性だけでなく、吉凶が極端に入り乱れる波瀾万丈《はらんばんじょう》な人生をあらわします。精神的にも強く、自分の意志を曲げることはないので、周囲からの風あたりも並大抵ではありません。でも、五黄土星はそんな苦難をものともしません。運勢の浮き沈みにも負けない忍耐と粘り強さが備わっているからです。

若い頃は強烈な個性や強引さが周囲の反発をかい、孤立することもあります。自己主張が強く、周囲と衝突することも多くあります。でも五黄はそれでも平気です。もともとひとりでなんでも決めていく帝王の星なので、ひとりになっても迷うことはありませんし、くじけることもありません。出る杭《くい》は打たれるという状況に立たされることも多くありますが、そのときの頑張りが、後年の飛躍のための糧《かて》となります。

五黄土星は中年以降に実力を発揮する大器晩成型。年齢とともに、人間的に徐々に丸みが出てきます。もともと親分肌で人情に厚い面を持っているので、リーダーとしても成功を収めることができるでしょう。人に指図されたり、使われたりするのは大嫌い。強烈な個性が周囲との摩擦《まさつ》を生むこともたびたびです。でも、他人からの批判に頭を下げるのは、プライドが許しません。素直に謝ることは人間関係のトラブルを軽減することになりますが、周囲との協調をあまりにも考えすぎると運が弱くなるので、自己中心的な振舞いを貫いたほうが運は開けます。

思い通りに自分を曲げずに人生を貫く

人生は一瞬一瞬の経験が積み重なってでき上がっていくもの。浮かれず、落ち込まず、長い目で人生を見渡しながら年齢とともに高めていく運気を、晩成運といいます。よりよい晩成運の波にのるためには、自分の人生が遅咲きか早咲きかを知り、人生の基盤を強固にしていくべきです。五黄土星は遅咲きの星。強いエネルギーを持つために、若い頃は周囲から反感もかいます。でも、それを貫き通すことが安定した晩成運をつかむ鍵。なかなか思うようにいかないからといって、自分の生き方を曲げてしまっては成功も長続きしません。実力を発揮できるようになる中年期まで、じっと耐えることが大切です。また、弱い立場の人を助けることで、晩成運が豊かになります。

五黄土星の金運

金銭感覚をしっかりさせて貯蓄に励めば晩年は安泰

お金を引き寄せるパワーは、9つのライフスターの中でもトップクラス。若い頃から金銭的にも恵まれます。でも、両極端な面を持っているので、金銭に執着しすぎると「ケチ」とレッテルを貼られることも。情にもろいところがあるので、他人のために身銭を切ったり、おごることもたびたびあるでしょう。

大雑把《おおざっぱ》な気質もあるので、細かい支出には無関心なところがあります。若いときから堅実な金銭感覚を身につけるようにすると、生活は安定します。定期預金などで計画的に貯めていきましょう。余裕資金ができたら、不動産での運用が向いています。財産を残したいなら、不動産の形がベストです。

リスキーな行動に出ることに不安や迷いがないので、大金に縁があるのもこの星の特徴です。でも一攫千金《いっかくせんきん》をねらった財テクや、ギャンブルには手を出さないほうが無難です。持って生まれた金運は、地道な努力でしか花を咲かせません。浪費は慎み、コツコツと貯蓄を続けていきましょう。

五黄土星の 才能・適性

意思決定を任される仕事が適職

帝王の星といわれるだけに、威厳と統率力には恵まれ、ピンチをチャンスに変える運の強さも持ち合わせています。強い精神力と責任感で、基本的にはどんなことも乗り切っていけます。細かいことにこだわらず豪快な面があるので、周囲の状況にはおかまいなしに自分のペースで進んでしまう傾向に。ただ、目標に向かうパワーと集中力は人並み以上で、何を言われても周囲に屈することはありません。強いリーダーシップを持ち、部下や後輩の面倒もよくみますが、思うようにならないと冷静さを失い、それが判断力に影響することもあります。自己中心的で短気な面があることを自覚すると、どんな職業でもこなせます。野心家なので、独立して会社を興《おこ》し、社長やオーナーとして活躍する人もいます。

個性を生かせる職業や指導力を発揮できる仕事がよいでしょう。五黄土星に向く職業は、医師、俳優、弁護士、政治家、社長業、公務員、官僚、ゴルフなどの個人競技のスポーツ選手、野球では中央に陣取るピッチャーに向いています。

五黄土星の

恋愛・結婚

独占欲が強い情熱家で晩婚型

ロマンチックなところがあり、好きになるととても情熱的。相思相愛になれば、五黄土星の強引さは相手には頼もしくうつります。独占欲や嫉妬心《しっとしん》が強いほうなので、相手の異性関係にはとても敏感。深読みしすぎる傾向があり、それがトラブルの原因になることも。恋愛では、自分のペースで物事を進めようとしがちです。どんなときでも主導権を握りたいので、それをやさしく受け止めてくれる相手とはうまくいきます。自分がよかれと思ったことは相手の状況を考えずに言動に移してしまうので、愛情の押しつけととられ、嫌われてしまうこともあります。ただ、土のエネルギーは自分から動くことはできないので、一度好きになったら浮気をすることはありません。またプライドも高いので、去っていく人は追いません。

ひとりでも生きていける強さを持っているので、どちらかといえば晩婚型です。やりたいようにしかできないので、男性なら亭主関白に、女性なら夫を尻に敷くカカア天下タイプになりますが、どちらも家庭をしっかりと守ります。

五黄土星の家庭

家族の話に耳を傾けて運気上昇を

生まれ育つ家庭にも、五黄土星の両極端な性質が影響します。とても裕福な家に生まれるか、金銭的に苦しい家庭に生まれるかに分かれそうです。恵まれない家庭に育ったとしても、元来備わった不屈の精神で乗り切っていけるでしょう。

若い頃は家族をとても大切にし、思いやりを持って接します。自分が家族を支えなくてはいけない場合も多く、責任感と自立心が育ちます。また、人情深いので、他人のために力を尽くし、それが苦労の種となる人もいます。

中年期以降は仕事が忙しくなり、なかなか家族と一緒にいる時間がとれなくなることも多いでしょう。ワンマンなので自分の考えを家族に押しつける傾向があり、それが家庭不和を招くことも。あなたの横暴さが家族を傷つけることもあります。家族の話に耳を傾け、すぐに短気を起こさないようにしてください。ワーキングマザーの場合は、仕事と家庭を上手に切り盛りできます。女性の中には婿養子をとる人や、家庭を持った後に男性的な役目を担う人もいるでしょう。

幸運をもたらす

人間関係

相手のエネルギーを力に

人には持って生まれたエネルギーがあり、それを象徴するのがライフスターです。人間関係においてはそのエネルギーが深く関係します。113ページから紹介するライフスター同士の相性というのはそのひとつですが、これとは別に、あなたに特定の幸運をもたらす相手というのも存在します。それをあらわしたのが中央に自分のライフスターを置いた左の図です。それでは、どんな関係かを見ていきましょう。

運気を上げてくれるのが九紫火星《きゅうしかせい》。これはともに働くことであなたに強運をもたらしてくれる相手。あなたの運気を助けてくれる人でもあるので、一緒に長く頑張っていける関係です。お互いプライベートなことは詮索《せんさく》しないで、一定の距離感を持った付き合いをすることです。

あなたのやる気を引き出してくれるのが二黒土星《じこくどせい》。あなたにハッパをかける人でもあり、この人に自分の頑張りを試されるといってもいいでしょう。一白水星《いっぱくすいせい》はあなたに精神的な安定を与える人。六白金星《ろっぱくきんせい》は名誉や名声を呼び寄せてくれる人です。よく

名誉を与える 六白金星	安定をもたらす 一白水星	蓄財をサポートする 八白土星
お金を運んでくる 七赤金星	自分の星 五黄土星	チャンスを運ぶ 三碧木星
やる気を引き出す 二黒土星	運気を上げる 九紫火星	新しい話を持ってくる 四緑木星

＊この表は、星の回座によりあらわし、北を上にしています。

も悪くも新しい話を持ってきてくれるのが四緑木星《しろくもくせい》です。それに合わせて、今までにない新しい交友関係をもたらしてくれます。

金運は七赤、三碧、八白

金運をもたらす関係といえるのが、お金を運んでくる七赤金星《しちせききんせい》、実利につながるチャンスをもたらす三碧木星《さんぺきもくせい》です。仕事のクライアントや給与を支払ってくれるのが七赤の人なら、経済的な安定をもたらしてくれます。三碧は、五黄にはない人脈を運んできてくれる人です。

また、蓄財のサポートをしてくれる八白《はっぱく》土星《どせい》は、財テクや貯蓄プランの相談役として心強い相手です。

9タイプの五黄土星

性格は生まれ月で決まる！

生まれ年から割り出したライフスターは、生きていく姿勢や価値観などその人の本質を強くあらわします。でもその人となりの形成には、ライフスターだけではなく、生まれ月から割り出したパーソナルスターも深く関係しています。

パーソナルスターからわかるのは、性格、行動など社会に対する外向きの自分。下の表からみつけてください。たとえば、あなたが五黄土星で11月生まれならパーソナルスターは二黒土星。五黄の本質と二黒の性質を併せ持っているということです。

自分のパーソナルスターをみつけよう

生まれ月＼ライフスター	一白水星 四緑木星 七赤金星	三碧木星 六白金星 九紫火星	二黒土星 五黄土星 八白土星
2月	八白土星	五黄土星	二黒土星
3月	七赤金星	四緑木星	一白水星
4月	六白金星	三碧木星	九紫火星
5月	五黄土星	二黒土星	八白土星
6月	四緑木星	一白水星	七赤金星
7月	三碧木星	九紫火星	六白金星
8月	二黒土星	八白土星	五黄土星
9月	一白水星	七赤金星	四緑木星
10月	九紫火星	六白金星	三碧木星
11月	八白土星	五黄土星	二黒土星
12月	七赤金星	四緑木星	一白水星
1月	六白金星	三碧木星	九紫火星

月の初めが誕生日の場合、前月の星になることがあるので携帯サイト（https://yumily.cocoloni.jp）で生年月日を入れ、チェックしてください。

9 パーソナルスター別タイプの五黄土星

パーソナルスターは一白から九紫まであるので、同じ五黄でも9つのタイプに分かれます。パーソナルスターも併せて見たあなたの性格や生き方は？

一白水星《いっぱくすいせい》

柔和な雰囲気を漂わせ周囲からの視線を集める人気者ですが、実はとっても頑固者。水のように臨機応変に対応していたかと思えば、自分だけが正しいと思う唯我独尊の道をいくといった二面性を持っています。周囲からすると本心を探るのが難しく、理解しにくい人ととられがちです。

二黒土星《じこくどせい》

五黄と二黒という土のエネルギーを持ち、自分の信じる道をひた走り、物事に対しては根気強く取り組む努力家。強がりな面はありますが、人をサポートしたり、縁の下の力持ち的存在として働くのは苦になりません。頼れる人や自分を褒めてくれる人がそばにいたほうがのびるタイプです。

三碧木星《さんぺきもくせい》

威厳ある態度を見せつつも、実は打たれ弱いタイプです。心配性で臆病なところを見せますが、とてもプライドが高い人です。自分の盾になってくれる人をいつも必要とし、おしゃべり好きで理論派です。でも、言ったことを行動に移すのに時間がかかり、口先だけと思われてしまうことも。

四緑木星《しろくもくせい》

外見はソフトで愛想がよく、人付き合いは上手。周囲に合わせることは得意なほうですが、自分がいいと思ったことに対しては執着し、意志を曲げることはありません。基本的には争いごとは好みませんが、ときにはライバル心がむき出しになることも。誰にも心を開かず、用心深い人です。

五黄土星《ごおうどせい》　自己主張がはっきりしており、自分を貫き通す芯の強さを持った人です。行動的で陽気なように見えますが、誰にでも本音を言うタイプではありません。必要以上に挑戦的な態度をとることもあり、周囲から反感をかうことも。特定の分野で才能を発揮する人が多いのもこのタイプ。

六白金星《ろっぱくきんせい》　リーダーシップに富み、とてもエネルギッシュ。人を巻き込みながら物事を進めていくタイプです。自分のやり方を強引に押し通すので、周囲がそれについていけないこともたびたび。情に厚いところがありますが、度を越すとおせっかい、親切の押し売りととられてしまうことも。

七赤金星《しちせききんせい》　人に頼ることなく、周囲の視線を集めながら生きる人です。話し上手で人付き合いも得意。人脈からチャンスをつかみ、成長していきます。小さいことにはこだわらない大雑把な面も持ち合わせています。ただし、プライドが高く、素直に謝ることができずに、周囲からの反感をかうことも。

八白土星《はっぱくどせい》　周囲を安心させる包容力と芯の強さを持った人です。性格はまじめで頑固。まじめさが融通の利かなさにつながることがあり、人付き合いは不器用だと思われてしまうことも。いい加減な人は許せない潔癖な面があります。人に頼られることも多く、教えることが好きなので指導者向き。

九紫火星《きゅうしかせい》　太陽のように陽気に振舞いながら、人を寄せつけない雰囲気を持った人です。束縛《そくばく》されるのは大嫌い。対人関係では一定の距離を保ちながら付き合うタイプです。指導したり、教えたりするのは苦手で、面倒見がいいほうではありません。熱しやすく冷めやすい性格で、移り気な面もあります。

第2章
五黄土星の2024年

2024年の全体運

2024年2月4日～2025年2月2日

大きな財産をつくるチャンス！

２０２４年、五黄土星にめぐってくるのは、実りの秋を意味する金運です。自分の財産を大きく育てると同時に、周囲も華やかな雰囲気に包まれ、活気にあふれた1年になります。自然とテンションも上がり、少し高めの目標を設定しても、強い精神力と行動力を持つあなたなら、問題なくクリアできるでしょう。

仕事もプライベートも人付き合いが活発になります。情熱的でリーダーとしての資質を持つあなたは、周囲の注目を集め、交際範囲を大きく広げることができるでしょう。未知の世界へ踏み出すことができれば、お金で買うことのできない、人脈という大きな財産を手に入れることができるはずです。

2024年の吉方位　北、南、北東、南東、南西

2024年の凶方位　東、西、北西

チャンスを生かすには、第一印象が大きなポイントになります。ハイクオリティーなアイテムを選び、品格ある身だしなみを心がけましょう。個性的なアクセサリー使いもおすすめです。さらに相手を思いやるような言葉や心遣いがとても大切。慈悲深い反面、思ったことをはっきりと口にするあなた。誤解されないように、ゆっくりとわかりやすい言葉でコミュニケーションをとりましょう。

オンとオフのけじめをつける

公私ともにお付き合いが活発になり、そのため仕事に必要な集中力を欠くこともありそうです。また、必要以上に挑戦的になり、窮地《きゅうち》に立たされる可能性もあります。運気の波にのるためには、オンとオフの間にきちんと一線を画すことが重要です。華やかな運気に踊らされ、自分勝手な振舞いや、周囲への感謝を忘れるとトラブルを引き起こすことになります。

いつもサポートしてくれる人たちへの感謝を忘れず、ランチやお茶をご馳走したり、小さなプレゼントを贈ったりしましょう。相手の負担にならない思いやりを大切にするお付き合いが、よい気を呼び込むことになります。

2024年の金運

人脈がチャンスと幸運を運んでくる

人とのつながりがチャンスを引き寄せてくれます。新しく知り合う人がチャンスを運んできてくれるので、今まで以上にあなたの世界を広げましょう。仕事でもプライベートでも誠意あるお付き合いを心がけてください。交際費がいつにもまして必要ですが、使ったお金は社会の中で大きく育ち、あなたのもとに帰ってくるので心配はいりません。もともと頼りがいのあるあなたですから、人が喜ぶことにお金を使うのは上手なはず。ただし、どんな人にも同じような付き合い方をする必要はありません。誠実で、ある程度緊張感のあるお付き合いが大切です。2024年は見栄のために出費するのは控えること。運気を下げることになります。面倒見がいいあなたですが、誰かれ構わずお金を出していると、社会でお金を育てられないことも。

買い物運にも恵まれ、欲しかった物が理想的な形で手に入りそうです。ただし、余裕があるからと欲望のままに買い物をすると運気が下がります。また、支払いにも注意が必要です。キャッシュレス決済ばかりにしていると、後悔する状況に。支払った金額を把握《はあく》しながら上手に買い物をしましょう。また、お財布の中には過去の印であるレシート類を入れっぱなしにしないこと。これから使うものだけをお財布の中に収めるようにしてください。

富裕感に包まれ、さらなる運気アップを

お金は社会を流れる血液だと意識してかかわり方を考えてください。物だけでなく見えないものにもお金を使うと、決して失うことのない教養や品格という財産を手に入れることができます。また、富裕感に包まれることも重要。そうすれば富裕感は自然と身についてきます。あなたのパワーにあやかろうと、いろいろな人が近づいてきそうです。おいしい話をする人には近づかないようにしてください。プライベートを優先しすぎると、仕事でミスをし、収入がダウンする可能性があります。人生を楽しむための第一の条件は、まじめに仕事に取り組むことと肝に銘じましょう。

他人の意見には左右されないあなたですが、大きな買い物をするときは友人などに相談して冷静になる時間を設けましょう。マネートラブルを回避するには、メリハリのあるお金の使い方を心がけ、資産管理を徹底することです。

2024年の仕事運

慢心せずスキルアップを目指して

仕事運は順調ですが、注意しないと緊張感が薄れてしまいます。目標達成のためのプランとロードマップを作り、今自分がどの位置にいて、前進するために何が必要なのかを確認することが大切です。自分の考えで前進したくなりますが、ときには客観的評価に耳を傾けたほうがいいでしょう。2024年は運気を生かすためにも、気を引き締めて仕事と向き合うことが大切です。ルーティンワークだからと慢心したり、他人を当てにしたりすると運気を落とします。

交渉ごとやプレゼンがうまくいくのは金運という運気のおかげでもあります。不得意分野の勉強やスキルアップのための知識習得も忘れないでください。そして、さらなる努力を重ね、運気の波にのってください。コミュニケーションスキルをアップさせると、あなたの評価はさらに上がります。

クライアントへのプレゼンや会議では予行演習をして、伝え方を工夫することが大切です。知ったかぶりをしたり見栄を張らず、正直な表現をするように心がけてください。会話は要点を絞り、簡潔に話すことを意識しましょう。誤解されやすい言葉を使わないことが重要。また、お金の条件をあいまいにしたまま交渉を進めてはいけません。2024年はリーダーとして、エネルギッシュに動くことが開運の鍵になります。

やさしい言葉選びが共感を呼ぶ

人付き合いで帰宅が遅くなりがちです。睡眠不足が仕事に影響することのないように。言葉での行き違いも多くなるので、対人関係ではある程度の緊張感を保つようにしてください。

連絡事項は口頭だけでなく、書面やメールなど記録に残すようにしましょう。仕事仲間としての付き合いだからとストレートな言葉を使うと、人間関係が壊れていきます。また、独断で物事を判断しないこと。常に口角を上げ、歯を見せる笑顔を心がけ、よい気の交換ができるようにしましょう。

交渉ごとではデータをしっかり集めて冷静に分析してください。仕事をする環境は常に整えることが大切です。パソコンのディスプレイやコード類のホコリをとり、キーボードも綿棒などを使って、丁寧に掃除しましょう。

2024年の恋愛・結婚運

魅力が光り輝く1年に

2024年は交友関係が広がり、恋愛運も活発になります。レジャーや趣味を通して、新しい出会いが待っていそう。華やかな雰囲気に包まれ、リーダーシップを発揮するあなたに、いろいろな人が近づいてきます。ロマンティックな出会いを求めるなら、気持ちを恋愛モードにすること。ファッションなどであなたの個性をアピールしましょう。それが恋愛力をアップさせてくれます。2024年は白地に黄色の水玉のスカーフをファッションに取り入れると、恋愛運がさらにアップします。新しい出会いから交際範囲が広がったと実感できたら、それは運気の波にのれている証拠になります。

情熱的な一面を持つあなた、一瞬で恋に落ちるような出会いがあるかもしれません。また、複数の人から交際の申し込みがあるかも。これまで意識していなかった友人や仲間が恋愛対象になる可能性もあります。

ただし、一夜限りの関係だけを求めている人もいるので、相手を見極めることが大切です。受け身になったり無関心を装ったりすると、せっかくの運気を生かすことはできません。ＳＮＳに頼るのは避けたほうが無難です。

思いやりに満ちた付き合いを

周囲から注目され、楽しい時間を過ごすことが多い1年ですが、調子にのると恋愛運は暗転します。人の気持ちを軽視したり、不まじめな恋愛をしたりすると大きなトラブルを招きます。恋愛は誠実さを大切にしてください。相手に小さなブーケをプレゼントし、夜空の星やプラネタリウムを楽しむと、よい気に包まれるでしょう。

交際中の人がいるなら、結婚に向けて具体的な進展がありそうです。デートがマンネリ気味なら話題のレストランで豪華な食事を楽しんでみましょう。自宅で高級レストランの味を楽しめるデリバリーを利用するのもおすすめです。

パートナーと短所を指摘し合うような言い合いをすると、収拾のつかない事態になります。忖度はしないあなたですが、ときには相手に譲《ゆず》る気持ちも見せてあげてください。どんなときも笑顔を忘れず、穏やかなコミュニケーションがとれれば、明るい未来が期待できる関係になるでしょう。

2024年の家庭運

ゴージャスな休暇を楽しんで

2024年は家族でアウトドアレジャーや、いつもより豪華な外食を楽しみましょう。レジャーでは予算を多めにとり、家族の希望を叶え、心に残るひとときを共有してください。

また、家族の誕生日や記念日も大切にしましょう。お祝いの食事を用意して、プレゼントも吟味して選んで。メッセージカードを添え、日頃の感謝や気持ちを伝えましょう。自宅で家族の記念日をお祝いするときは、テーブルに生花を忘れず準備してください。いろいろな花で作る小さなブーケを飾ると、家族の会話がさらに弾みます。注意したいのは家族共通の話題を選び、相手を急《せ》かさず話を最後までじっくり聞くこと。家族の本音を理解することができます。

カップルでは、ふたりの記念日を大切にしましょう。特別な日は、ふたりだけの時間を楽しめるイベントを企画しましょう。このときに撮った写真を寝室に飾ると、絆がさらに深まります。

2024年の人間関係運
出会いを育て、強い絆を

さまざまなバックグラウンドを持つ人たちと出会い、新しい刺激がもたらされる2024年になります。レジャーやパーティーだけでなく、セミナーや勉強会などにも積極的に参加してください。パソコンやスマホを活用し、オンラインのイベントに参加するのもおすすめです。

趣味に力を入れると、大切な友人ができるかもしれません。高級ホテルで行われるイベントやコンサート、ライブなどを楽しむといいでしょう。新しい出会いを大切にじっくりと育てていきましょう。そのために必要なことは相手の気持ちを察すること。独善的になりがちなあなたですが、相手の状況を思いやった、やさしい言葉を選びましょう。ジェラシーととられるようなコメントも避けてください。

人の成功を否定すると運気を下げます。自分に非があると思ったら、すぐに素直な言葉で謝罪してください。人付き合いのストレスがたまったら、話題のスイーツを楽しんでパワーをチャージしましょう。

2024年の住宅運

新築・引越しに適した時期

2024年は新築、引越し、土地の購入、リフォームに適した時期です。引越しをする場合は、現在住んでいる場所から、年の吉方位にあたる北、南、北東、南東、南西となる方角にある場所を選んで。できれば、年の吉方位と月の吉方位が重なる月に、その吉方位へ引っ越すこと。北なら1月、3月、4月、5月、10月、12月、南なら2月、3月、4月、5月、9月、11月、北東なら1月、2月、3月、4月、10月、11月、12月、南東なら4月、6月、7月、8月、9月、南西なら4月、6月、7月、11月、2025年1月は北、南、北東、南東がOKです。

ただし、あなたの天中殺（50ページ参照）にあたる月は避けましょう。また、あなたが辰巳天中殺《たつみてんちゅうさつ》の運気の人なら、2024年は天中殺。世帯主の場合、年内は土地の購入までにして、引越しは避けたほうが無難です。

住宅運をアップさせるには、部屋の真ん中の風通しをよくし、こまめに掃除すること。古い物を処分し、新しい物に替えると気が整います。

2024年の健康運

体重コントロールを心がけて

会食が続き、食べすぎや飲みすぎになりがちです。体重が増えやすく、ウエイトコントロールもうまくいきません。消化器系の不調も出やすくなります。自宅での食事は栄養バランスを心がけ、アルコールも控えるようにしましょう。また、発酵食品を積極的に摂るようにすること。寝不足にも注意が必要です。寝室を整え、きちんとパジャマを着て就寝し、良質な睡眠をとるようにしましょう。

2024年、特に注意したいのが、歯や口腔内のトラブルです。虫歯は放置せず、すぐに治療するように。歯科検診も定期的に受けるようにしましょう。食後の歯磨きを欠かさず行い、歯ブラシもこまめに交換してデンタルケアを心がけてください。

朝起床したら窓を開け新鮮な空気を部屋に入れ、よい気で満たしてください。そして1杯のミネラルウォーターを飲んで、体内を浄化させましょう。

疲れを感じたら、高級ホテルのアフタヌーンティーをのんびり楽しみましょう。心の栄養補給にもなります。

COLUMN 1

～2024年のラッキー掃除～

情報がスムーズに入るように掃除・整頓を

2024年は情報が入ってくる東の方位(家の中心から見て)が重要になってきます。東に段ボールや古新聞を置いていると、よい情報が入るのを邪魔します。忘れてはならない場所が、冷蔵庫の野菜室。野菜くずや汚れを残さないように水拭きし、食材を整理して収納しましょう。

また、電気関連の場所も大切なポイントです。分電盤やコンセントカバーなどにホコリを残さないように。パソコン本体はもちろん、キーボードの溝《みぞ》も綿棒などを使って、清潔さを維持するようにしてください。

第3章
五黄土星の運気を上げる風水習慣

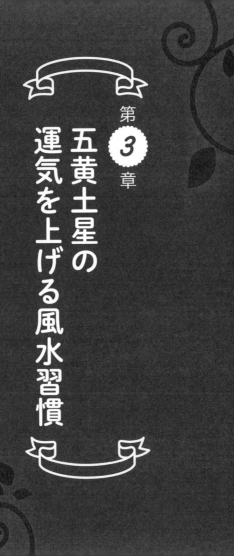

金運アップのアクション

パールのアクセサリーを
整理整頓する

パールのアクセサリーが◎

２０２４年の金運アップのアクションは、パールのアクセサリーを整理整頓すること。パールアクセサリーを１か所に集め、収納しましょう。パールの丸い形は金運と結びつき、お金まわりがよくなります。一粒パールでもいいので、なるべく大玉のものを選びましょう。華やかな雰囲気をまとうとさらに運気が上がります。

パールは収納する前にやわらかい布で拭き、きれいに磨いておきましょう。ネックレスなどはチェーンが絡まないよう吊るす収納もおすすめです。

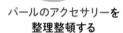

お金の風水

カトラリーをピカピカに磨く

2024年は活気にあふれ、会食やパーティーが多くなります。パーティーに参加して人脈を広げることが金運を開く鍵。家庭でもパーティーに欠かせない銀やステンレスのカトラリーを磨きましょう。それも顔が映るぐらいピカピカにしておくこと。

磨き上げたカトラリーはアイテム別にまとめ、上下を揃《そろ》えて収納を。引き出しは隅々まできれいにして、ホコリやゴミを残さないことも大切です。

家でもBGMを楽しむ

2024年の中宮・三碧は音や響きを象徴する星です。コンサートやライブを楽しむのはもちろん、家の中でも好きな音楽を聴くとよい気を呼び込めます。家事をするときやバスタイム、メイクをするときもBGMを流して音を楽しむといいでしょう。いつも美しいメロディーやリズムに触れていると、自然にパワーを充電できます。

特にきれいに掃除した部屋の中央で、音楽を聴くのがおすすめです。

仕事運アップのアクション

白いハンカチを
毎日洗濯する

清潔感のある白がおすすめ

２０２４年の仕事運アップのアクションは、白いハンカチを毎日洗濯することです。白は清潔感があり、フォーマルなシーンに相応《ふさわ》しい色。冠婚葬祭では白いハンカチを持つことが大切なマナーです。ビジネスシーンでも白いハンカチがおすすめ。持ち物にこだわり、きちんとした印象を相手に与えると運気が上がります。

洗濯後は、アイロンできれいに伸ばしておくことも忘れないようにしましょう。マスクも白がおすすめ。ケースに入れて持ち歩きましょう。

仕事の風水

こまめに情報を更新する

数字が並んでいるカレンダーは仕事運をアップさせます。さらに2024年は情報の更新が重要なポイントになります。きちんと月や日ごとに新しいページをめくるようにすること。また、手帳には新しいアイデアやミッションを書き込むといいでしょう。

パソコンも古いデータをいつまでもデスクトップに置かないようにしましょう。データは保存するか削除し、ソフトのアップデートも忘れないこと。

北西のスペースを整える

仕事運を司る方角は北西です。家の中心から見て北西の場所や部屋を常にきれいに整えてください。2024年は、木製アイテムがよい気を呼び込みます。北西の方角に木製のブックエンドや文具箱を置き、毎日の拭き掃除も欠かさないように。

キャビネットやデスクを置く場合は、書類などを置きっぱなしにせず、引き出しの中に片づけて。整理整頓で、仕事がしやすい環境をキープしましょう。

恋愛・結婚運アップのアクション

鶏肉料理を食べる

鶏肉でエネルギーチャージ

２０２４年の恋愛・結婚運アップのアクションは、鶏肉料理を食べることです。鳥は伝達の象徴で、遠方から吉報を届けてくれ、新しいチャンスをもたらします。好きな人に告白するときは鶏肉料理を食べるとエネルギーをチャージできます。

レストランデートでは、ちょっとおしゃれにローストチキンやチキンステーキなどを選んで。唐揚げや焼き鳥などをテイクアウトして、おうちデートを楽しむのもおすすめです。鶏肉料理を食べて、恋を進展させましょう。

おそうじの風水

東に植物を置き、世話をする

植物は風水のラッキーアイテムのひとつです。三碧の年は東の方角からよい情報が入ってきます。2024年は東に観葉植物や生花を置きましょう。観葉植物の葉にホコリが残らないようにやさしく拭き、花瓶の水は毎日取り替えること。鉢や花瓶も汚れをとるように心がけてください。

枯れた葉や花は邪気になります。こまめに手入れして、枯れたものを残さないようにしてください。

楽器や電化製品を手入れする

2024年は音にかかわるものが重要なアイテムになります。ピアノやギターなど楽器にホコリを残さないように手入れしてください。普段使わないものでも、こまめにお手入れを。しまい込んでいる楽器も同様です。

また、三碧は電気の象意も持っています。エアコンや冷蔵庫、テレビ、電子レンジなどの電化製品もきれいにすることが大切です。細かい部分まで丁寧に掃除してください。

住宅運アップのアクション

タオルを水色系に揃える

同色に揃えて運気アップ

２０２４年の住宅運アップのアクションは、バスタオルなどタオル類を水色系に揃えることです。毎日の生活で乱れやすい水回りを整えると、運気がアップ。水の気を持つ水色のタオルは気の流れをよくし、運気上昇をサポートします。同じ系統の色にしておくと空間に調和が生まれ、運気アップにつながります。

タオルを使った際、つい雑にかけがちですが、端と端をきちんと揃えること。引き出しにタオルを収納するときも畳んでからきれいに並べましょう。

住まいの風水

花を育てる

草花は三碧の象意です。庭があるお宅なら、四季を通して花が咲くようにガーデニングをしましょう。庭がない場合は、ベランダガーデニングで花を育ててください。

また、よい気や情報は玄関やベランダから入ってきます。玄関やベランダに余分なものを置くと、それらがよい情報を遮《さえぎ》ってしまいます。開口部はきれいに整え、気がスムーズに入るようにしましょう。

フローリングを磨く

フローリングに掃除機をかけ、その後、ピカピカになるまで磨き上げましょう。木材の持つパワーを引き出すことができます。また、傷があれば、その手入れも忘れずに。

畳やじゅうたんもきれいに掃除してください。大地に近い床は、大きなパワーが漂う場所です。住まいに大地のパワーを常に取り入れるためにも、床には不要なものを置かず、きれいにしておくことが大切です。

吉方位と凶方位のこと

方位はよくも悪くも運に影響を与えます

風水では、吉方位への神社参りをしてくださいとよくアドバイスします。私自身、ほぼ毎日、日の吉方位にある近くの神社へ散歩をしながらのお参りを欠かさずしています。吉方位とはあなたのライフスターが持つラッキー方位（12ページ参照）とは別のもので、自ら動いていくことでよい気をもたらす方位のこと。自分の生活拠点、つまり住んでいる場所（家）を基点に考えます。

旅行や引越しで方位を気にするのは、自分の運気がよくも悪くも宇宙の磁場の影響を受けるから。でも、吉方位へ動けば、自分の磁力が活性化して気力にあふれ、どんどんよい気がたまっていき、巻頭で述べたような「気を発する人」になるのを手助けしてくれます。

吉方位には年の吉方位、月の吉方位、日の吉方位があり、それぞれライフスターで異なります。凶方位も同様です。生活の中に吉方位を取り入れるときは、目的によって左ページのように使い分けます。

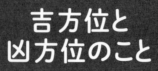

日の吉方位

日の吉方位と凶方位は毎日変わります。スポーツなどの勝負ごとや賭けごと、プロポーズ、商談などその日に決着がつくことには、日のみの吉方位（第４章のカレンダーを参照）を使います。

月の吉方位

月ごとにも吉方位と凶方位は変わります。数日間滞在するような旅行は、月と日の吉方位が重なる日に。風水では月替わりが毎月１日ではないので、第４章の月の運気で日付を確認してください。

年の吉方位

年の吉方位は、その年を通してあなたに影響を与え続ける方位です。引越しや住宅購入、転職は方位の影響を受け続けることになるので、年（26ページ参照）、月、日の吉方位が重なる日に。

天中殺は運気の貯蓄をするとき

運気が不安定になる時期をチェック

天中殺とは、周囲が味方になってくれない時期を意味します。自分でコントロールすることができない運気で、これも私たちが持つ運気のひとつです。

天中殺の時期は、家の外は嵐という状態。出る杭は打たれるというときなので、何の準備もしないで外＝社会に出ていけば、雨風に打たれて心身ともに疲労困憊《こんぱい》してしまいます。ですから前もって自分の天中殺を知っておくことが大切です。天中殺には運気が不安定になるので、不安や迷いを感じやすくなったり、やる気が出なかったりと、マイナスの影響がもたらされてしまいます。

天中殺は、年、月、日と3種類あり、生年月日によって、子丑《ねうし》天中殺、寅卯《とらう》天中殺、辰巳《たつみ》天中殺、午未《うまひつじ》天中殺、申酉《さるとり》天中殺、戌亥《いぬい》天中殺の6つに分けられます。まずは54ページ、133〜135ページの表をもとに、自分の生年月日から割り出してみてください。

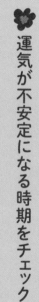

誰もが受ける社会から降りかかってくる運気

天中殺は社会から降りかかってくる運気です。ですから、極論をいえば、社会に出なければ天中殺の現象を受けることはありません。でも、社会とかかわりを持って生活する以上そうはいきません。天中殺とは逃れることのできない、〝宿命〟のようなものなのです。ただし、何に気をつければいいのかがわかれば、天中殺の現象を軽減させたり、避けたりすることができます。

天中殺の時期は、社会との摩擦《まさつ》を減らす意味で、受け身に徹したり、自分の言動を戒《いまし》めたりすることが肝心です。自分の欲のために行動したり、新しいことをしたりしてもあまりうまくいかないと心しておきましょう。頑張っても努力が報われにくいときなので、それがわかっていればたとえ失敗しても心のダメージは少ないはずです。

天中殺を無難に過ごすためには、天中殺が来る前から風水生活を実践し、運気の貯蓄をすることで気を高めておくことです。本書にある運気に沿った生活をすることもそうですし、吉方位を使った神社参りやゆったりとしたスケジュールの旅行、また、住まいをきれいに掃除するなど、家の環境を整えることもよい運気の貯蓄になります。

年、月、日の3種の天中殺

では、〝宿命〟ともいえる天中殺はいつやってくるのでしょうか？　天中殺には年の天中殺、月の天中殺、日の天中殺があり、12年に2年間やってくるのが年の天中殺、12か月に2か月間やってくるのが月の天中殺、12日に2日間めぐってくるのが日の天中殺です。めぐってくるタイミングも、6つの天中殺によって異なります。

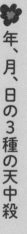

3種の天中殺のうち、運気に一番大きく作用するのが年の天中殺です。年の天中殺のときに、人生の転機となるような選択をするのはおすすめできません。月の天中殺は2か月間と期間が短くなるので、天中殺の現象が集中することもあります。これらの2種の天中殺に比べると、日の天中殺は運気への影響は少ないといえます。とはいえ、いつもなら勝てる相手に負けてしまう、他人の尻ぬぐいをさせられてしまう、異常に忙しくなる、やる気がまったく出ない……といった影響が出ることもあります。日の天中殺は第4章にある各月のカレンダーに記載してあるので参考にしてください。

2024年は辰年で辰巳《たつみ》天中殺の人にとっては、年の天中殺にあたります。ライフスターごとの運気にかかわらず、辰巳天中殺の人は運気に影響を受けるでしょう。でも、自分のライフスターの運気が絶好調の頂上運の場合は、その運の強さが働いて天中殺の現象を軽減してくれることもあります。逆に運気が低迷する停滞運のときは、天中殺の影響が強く出やすいといえます。

年の天中殺がいつやってくるのかは、左の表でチェックしてください。前述しましたように、天中殺の現象を軽減することは可能です。年の天中殺がいつやってくるかを知ったら、ただ待つのではなく風水生活をきちんと実践して、天中殺に向けての準備をしっかりしておきましょう。

あなたの年の天中殺は？

2024年	辰	辰巳天中殺
2025年	巳	辰巳天中殺
2026年	午	午未天中殺
2027年	未	午未天中殺
2028年	申	申酉天中殺
2029年	酉	申酉天中殺
2030年	戌	戌亥天中殺
2031年	亥	戌亥天中殺
2032年	子	子丑天中殺
2033年	丑	子丑天中殺
2034年	寅	寅卯天中殺
2035年	卯	寅卯天中殺

天中殺の割り出し方

133～135ページの基数早見表で基数を探し、
誕生日を足して割り出します。

例 1980年5月15日生まれの場合

基数		誕生日の日にち		合計
10	+	15	=	25

基数は10で、生まれ日の15を足すと合計が25。右の表から、21～30の「午未天中殺」があなたの天中殺になります。合計が61以上になる場合は60を引いた数になります。

天中殺の早見表

1～10	戌亥天中殺
11～20	申酉天中殺
21～30	午未天中殺
31～40	辰巳天中殺
41～50	寅卯天中殺
51～60	子丑天中殺

♡子丑天中殺 ねうしてんちゅうさつ

子年と丑年が年の天中殺で、毎年12月と1月が月の天中殺です。月の天中殺以外では、毎年6月と7月は社会や周囲の応援が得られにくくなるので要注意。この天中殺の人は、他人のために進んで働くタイプ。目上の人の引き立ては少なく、自分自身で新しい道を切り開いていける初代運を持っています。目的に向かってコツコツ努力する大器晩成型です。

♡寅卯天中殺 とらうてんちゅうさつ

寅年と卯年が年の天中殺で、毎年2月と3月が月の天中殺です。月の天中殺以外では、毎年5月は社会からの支援が得られにくくなるので要注意。この天中殺の人は、失敗してもクヨクヨせず、6つの天中殺の中で一番パワフル。度胸はいいほうですが、少々大雑把《おおざっぱ》な性格です。若い頃から親元を離れて生きていく人が多いようです。

♡辰巳天中殺 たつみてんちゅうさつ

辰年と巳年が年の天中殺で、毎年4月と5月が月の天中殺です。月の天中殺以外では、12月と1月は周囲の協力や支援を得にくく孤立しがちなので要注意です。この天中殺の人は、型にはまらず個性的で、いるだけで周囲に存在感をアピールできるタイプ。行動力は抜群で、苦境に立たされても乗り越えるたくましさを持っています。

♡午未天中殺 うまひつじてんちゅうさつ

午年と未年が年の天中殺で、毎年6月と7月が月の天中殺です。月の天中殺以外では、11月と12月は周囲の支援が得られないだけでなく、体調を崩しやすくなる時期。この天中殺の人は、冷静で情報収集が得意。先を見て行動する仕切り屋タイプが多いようです。困ったときには誰かが手を差し伸べてくれる運の強さを持っています。

♡申酉天中殺 さるとりてんちゅうさつ

申年と酉年が年の天中殺で、毎年8月と9月が月の天中殺です。月の天中殺以外では、社会からの支援や協力を得にくくなる4月と5月は言動に要注意。この天中殺の人は、ひとりで複数の役目をこなす働き者。でも、キャパを超えると右往左往することも。世の中の動きを素早くキャッチし、金運にも恵まれています。

♡戌亥天中殺 いぬいてんちゅうさつ

戌年と亥年が年の天中殺で、毎年10月と11月が月の天中殺です。月の天中殺以外では、毎年6月と7月はなんらかの環境の変化で悩むことが多くなる時期。この天中殺の人は、6つの天中殺の中で一番多くの試練に遭遇《そうぐう》します。でも、自力で道を開き、周囲のエネルギーを自分のパワーに変えていける強さを持っています。

COLUMN 2

〜2024年のラッキー家事〜

音が出るアイテムと家電の手入れを

三碧木星の象意のひとつは音です。2024年は音が出るものを常にきれいにすると、よい情報が入りやすくなります。楽器やドアベルなどはホコリを払い、水拭きできるものは水拭きを毎日の掃除に組み入れましょう。

電気や振動も三碧の象意。キッチンにあるフードプロセッサーやブレンダー、コーヒーメーカー、電子レンジも汚れを残さないようにきれいに掃除してください。テレビ、ヘッドホン、スマホなど音にかかわる電化製品もホコリを残さないようにしましょう。

第4章 五黄土星の毎日の運気

2024年の運気

1年のスタートは活動的な運気から

2024年は活動的な開花運からスタートします。6月の頂上運まで右肩上がり。運気のサポートを得て、前進できるでしょう。出会いに恵まれ、人脈もどんどん広がります。1年を通し、さまざまな人と交流することでさらに運気は上昇。コミュニケーション力を発揮し、新たなチャンスをつかんでください。恋愛月は9月。お誘いが多くなり、運命的な出会いもありそうです。

頂上運の6月は何事にも前向きに取り組みましょう。勝負運もあるので、いろいろなことに挑戦して。周囲のサポートも期待でき、さらなる高みを目指せるでしょう。3月と12月の結実運は、仕事で成果をあげることができます。実行可能な目標を立て、一つひとつクリアしましょう。7月の停滞運は、新しいことには着手せずパワーを温存させること。感情的になると周囲の反感をかうので、気持ちを穏やかに保ちましょう。金運にも恵まれないので。収支のバランスに気をつけてください。

また、2か月間続く自分の月の天中殺には争いごとは避け、受け身の姿勢を心がけてください。

2024年の波動表

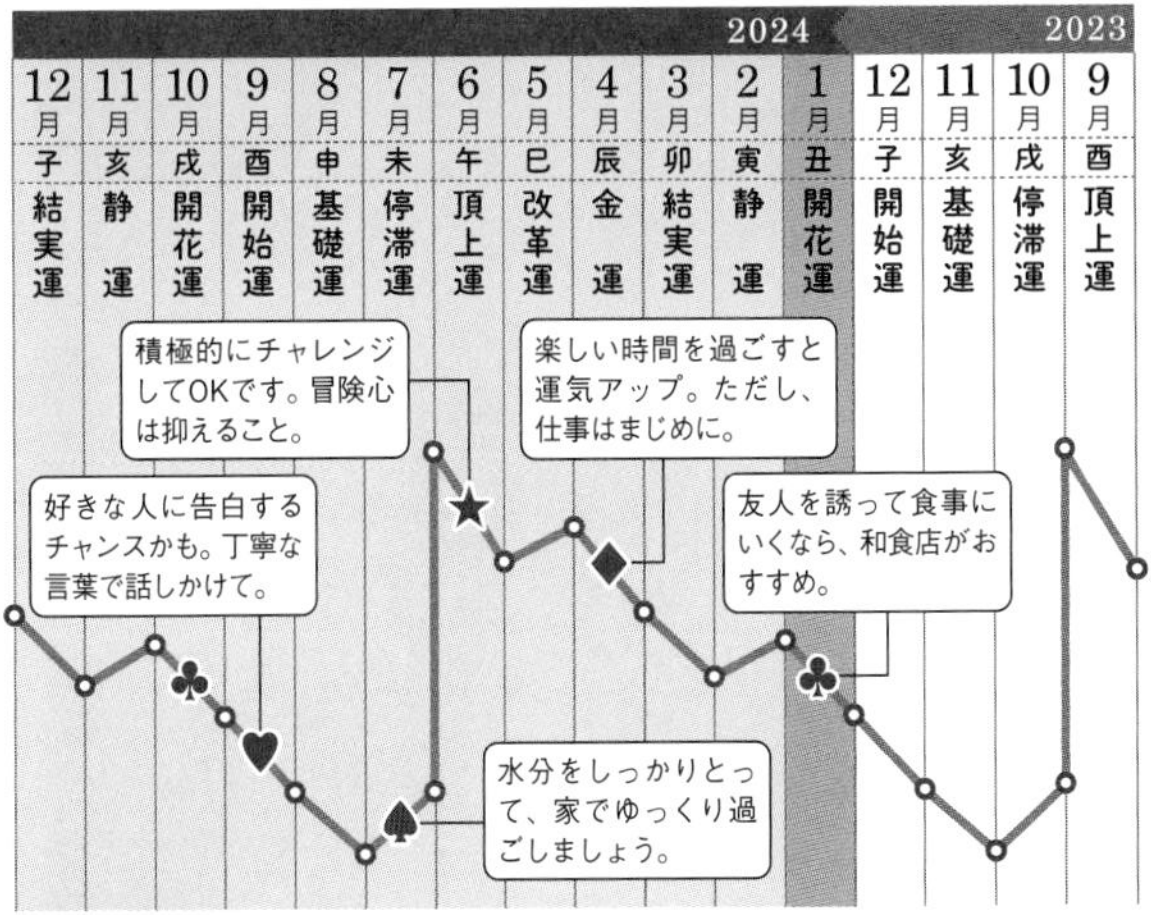

9つの運気

停滞運	芽吹きを待つといった冬眠期で、しっかり休んでエネルギーを充電したいリセット期。
基礎運	そろそろ活動しはじめることを考えて、足元をしっかり固めておきたい準備の時期。
開始運	種まきをするときで、物事のスタートを切るのに適している時期。
開花運	成長して花を咲かせるときなので、行動的になり、人との出会い運もアップします。
静　運	運気の波が安定するリセット期。外よりも家庭に目が向き、結婚に適した時期。
結実運	これまでの行動の成果が出るときで、社会的な地位が高まって仕事での活躍が光る時期。
金　運	努力が実を結ぶ収穫期で、金運に恵まれるとき。人付き合いも活発になります。
改革運	今一度自分と向き合いたい変革期。変化には逆らわず、身をまかせたいとき。
頂上運	運気の勢いが最高のとき。これまでの努力に対する結果が現れる、頂上の時期。

★強運、♠要注意、♥愛情運、◆金運、♣人間関係運

2023
September

頂上運　2023.9.8 ～ 2023.10.7

強運月到来。努力を続けて

※チャレンジ精神を発揮し、全力で前進

公私ともに注目を集める強運月です。気力・体力ともに充実し、エネルギーにあふれています。積極的にイニシアティブをとり、新しいことを発信しましょう。上司や有力者など強力な後ろ盾もでき、さらなる飛躍も期待できそうです。堂々と存在感をアピールし、望むポジションをつかみましょう。もし、運気のよさを実感できないなら、努力が足りなかったのかもしれません。それを真摯《しんし》に受け止め、さらなる努力を続けましょう。成功するイメージを思い描くことで気持ちが活性化されます。

エネルギッシュに動くと、周囲との摩擦が起こりやすくなります。我を張るとうまくいかなくなるので、感情を抑えることが大切。また、嘘やごまかしで取り繕うと、窮地に陥《おちい》るので、冷静さをキープしてください。

9月の吉方位	南西
9月の凶方位	北、南、東、西、北東

停滞運　2023.10.8 〜 2023.11.7

運気はリセット。現状維持でOK

❋ ひとりの時間を充実させ、体力温存を

パワーは低め、休息をとるべき運気です。目立たないように過ごし、トラブル回避に努めましょう。前進しようとすると、まわりから反発をかい、孤立するかもしれません。理解を求めたり弁解したりするよりも、最低限の事実だけを伝えましょう。今月は現状維持ができればOKです。他人とは一定の距離を置き、派手なお付き合いは避けるようにしてください。マイナス思考に陥りがちなので、適度な気分転換を忘れないように。自分をいたわり、体調管理に努めましょう。健康面に不安があるなら早めに受診してください。

孤独を紛《まぎら》らわせようと、無理して人付き合いをする必要はありません。ひとりの時間を充実させ、身のまわりの整理整頓や掃除で、気を整えましょう。

10月の吉方位	東、南西
10月の凶方位	北、南、北東、北西、東南東

2023
November

基礎運 2023.11.8 〜 2023.12.6

少しずつ回復。疲れをためないで

サポート役に徹し、一つひとつ丁寧に

運気は上昇傾向にあります。パワーはまだ低めですが、手応えを感じる場面が増えるでしょう。小さな目標を立て、一つひとつクリアしていくイメージを持ってください。みんなが面倒がるような仕事を進んで引き受け、サポート役に回ると、さらに実力が底上げされます。逆境に負けない強い精神力を持つあなたに、周囲は一目置くでしょう。困ったときは誰かに助けを求めましょう。すぐに結果が出なくても焦らないように。また、物事がうまく運ばないからと、他人のせいにすると運気がストップします。今月は努力を積み重ねるのと同時に、協調精神も大切です。

まだ本調子ではないので、疲れをためないように。紅葉を見に出かけ、リフレッシュしましょう。

11月の吉方位　東

11月の凶方位　北、南、西、北東、南西、南南東

2023 December

12月

開始運 2023.12.7 ～ 2024.1.5

新しい出会いも。笑顔を忘れないで

掃除で邪気を祓《はら》い、積極的に行動する

クリスマスや年末など華やかなイベントが多い今月は、動くほどにパワーがみなぎり、いい方向に向かうでしょう。夢や目標に向かって一歩を踏み出し、運気のよさを実感してください。仕事はもちろん、趣味などやりたかったことに着手するのにいいタイミング。アクティブになると、新しい出会いや人脈を引き寄せ、モチベーションも上がります。一度引き受けたことは最後までやり抜くことが大切。そして、準備不足なら挑戦しないという選択もあります。調子がいいときこそ、客観的に自分を見つめるようにしましょう。多くの情報をキャッチし、最善の方法を選んでください。

人に会うときは明るい雰囲気づくりを心がけて。笑顔を忘れず、わかりやすい言葉で話しかけましょう。

12月の吉方位　なし

12月の凶方位　北、南、東、西、北東、南西

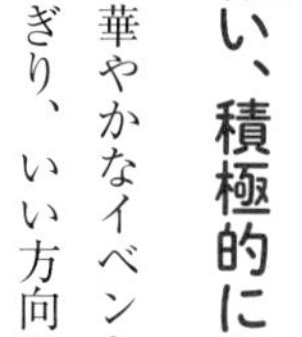

開花運　2024.1.6 ～ 2024.2.3

開運3か条
- 日本の伝統に触れる
- 飛行機に乗る
- 靴の手入れをする

チャンスを生かす幸運期からスタート

2024年は活気に満ちた開花運から始まります。新しいことや、取り組んできた案件がスムーズに動き出すでしょう。リーダーシップを発揮して前進してください。周囲の意見に左右されない強さを持つあなたですが、ときには聞く力も生かしましょう。新しい観点を発見して、可能性が大きく広がります。それが人脈につながり、チャンスを運んできてくれます。取引先への新年の挨拶や友人同士の新年会には積極的に参加して、人との交流を深めましょう。ただし、親交を深める相手は吟味すること。あなたのパワーを当てにする人はトラブルも持ち込んでくるので注意してください。

メールは早めに返信し、ときには自筆の手紙を送るようにしましょう。丁寧な暮らしは開運の鍵になります。

1月の吉方位	北、北東
1月の凶方位	南、東、北西、南東、南西

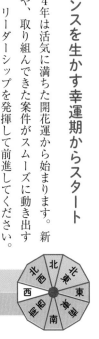

PRESENT

『九星別ユミリー風水』16周年記念
読者プレゼント

読者の皆さまへ感謝の気持ちを込めて、
プレゼント企画を実施中です。

＼金運UP！／
招き猫

ゴールドのかわいらしい招福金運招き猫。
金運はもちろん、人を呼び込んで人気運もアップ。
玄関に向かって正面の位置
もしくは西の方角に置くと○。

A賞
招き猫
5名様

B賞
図書カード（1000円）
20名様

応募方法

大和書房ユミリーサイトへアクセス！
https://www.daiwashobo.co.jp/yumily/

ユミリープレゼント で検索

携帯電話は
こちらから

応募フォームに必要事項をご記入のうえ、
ご希望の商品を選んでください。

▶▶ 応募締め切り
2024年2月29日（木）

子《ね》丑《うし》天中殺

この天中殺の人は要注意

上司や目上の人とのトラブルに注意してください。想像以上に解決に苦労しそう。信頼関係を維持する努力が必要です。また、交通事故にも要注意。車は丁寧に整備し、常に安全運転を心がけてください。

仕事運 **※子丑天中殺の人は新しい仕事は先にのばして**

順調に物事が進み、新たな業務にも着手できます。運気の追い風を受け、抜擢《ばってき》されるチャンスもありそうです。少し難しい案件でも、周囲に協力を求めながら誠実に対応すればうまくいくでしょう。ただし、優柔不断な態度は不信感を与えます。信頼関係を大切にすると、さらなるステップアップも見込めるでしょう。

金運

お付き合いにかかる出費が増えます。人脈づくりへの投資と考え、必要経費として確保しましょう。自分へのご褒美もOKですが、予算を決めてから購入すること。お金の流れはいいときなので、収支管理をしっかりしていれば問題はありません。

愛情運 **※子丑天中殺の人は新しい出会いは先にのばして**

人とのつながりから新しい出会いのチャンスがありそうです。上品な大人のマナーと笑顔が開運の鍵。イベントやパーティーには積極的に参加し、ネットワークを広げましょう。パートナーがいる人は独占欲を抑えること。飛行機で旅行に出かけ、リフレッシュするとふたりの絆が深まります。

1月のおそうじ風水 ▸ 玄関。三和土《たたき》を念入りに拭きお香を焚いて。

日	曜	六曜／天中殺 祝日・歳時記	毎日の過ごし方 ★強運日 ♠要注意日 ♥愛情運 ◆金運 ♣人間関係運	吉方位	ラッキーカラー
1	月	赤口／子丑 元日	きちんと身なりを整えおせちを。吉方位の神社にお参りして。	東、北西、南東、南西	ベージュ
2	火	先勝／子丑	家で静かに過ごしましょう。家族や親戚への挨拶はお年賀を。	北、南、東	キャメル
3	水	友引／寅卯	ダイヤのアクセサリーが吉。輝く1年をイメージしてつけて。	北、南、北東、南東、南西	金色
4	木	先負／寅卯	年始回りで予想外の出費。軍資金は多めに用意しましょう。	北、南、東、西、北東	白
5	金	仏滅／辰巳	仕事よりプライベートを優先して。冷蔵庫にあるもので夕食を。	南、西、北東、北西、南西	金色
6	土	大安／辰巳 小寒	♣新年会があれば迷わず出席。楽しい交友関係が広がります。	北、西、北東	銀色
7	日	赤口／午未	初売り情報を探してセールへ。七草粥でパワーをつけて。	南、北西、南東	茶色
8	月	先勝／午未 成人の日	目標を小さく設定し、自己投資にお金をかけると運気回復。	東、北西、南東	山吹色
9	火	友引／申酉	エネルギーは低めです。焦らず目の前の仕事に取りかかって。	東、西、南東、南西	黒
10	水	先負／申酉	既成概念は捨てて自由に動きましょう。名刺を忘れないこと。	東、北西、南東、南西	オレンジ
11	木	赤口／戌亥	付き合いの席は辞退して、家族との時間を大切にしましょう。	北、南、東	ピンク
12	金	先勝／戌亥	◆デンタルケアを念入りにして。収入アップのチャンスあり。	北、南、北東、南東、南西	赤
13	土	友引／子丑	車で名所旧跡をめぐると吉。気持ちにゆとりが生まれます。	北、南、東、西、北東	水色
14	日	先負／子丑	発酵食品をたっぷり摂り、生活リズムを早めに軌道修正して。	南、西、北東、北西、南西	黄色
15	月	仏滅／寅卯	いいイメージを持って、想像していることを形にしましょう。	北、西、北東	黄緑

日	曜	六曜／干支		運気	吉方位	ラッキーカラー
16	火	大安／寅卯	♥	梅干しがラッキーフード。モチベーションがアップし、開運。	南、北西、南東	ワインレッド
17	水	赤口／辰巳		派手な仕事は人にまかせてサポート役に徹すると評価がUP。	東、北西、南東	黒
18	木	先勝／辰巳 土用		張り切ると失敗しそう。早めに帰宅し就寝するのが正解です。	東、西、南東、南西	紺色
19	金	友引／午未		前進していいときですが、焦らないで。信号無視をしないこと。	東、北西、南東、南西	ベージュ
20	土	先負／午未 大寒		人の意見に合わせたほうがいいかも。手土産は最中を選んで。	北、南、東	金色
21	日	仏滅／申酉		友だち同士で持ち寄りパーティーを。デパ地下食材がおすすめ。	北、南、北東、南東、南西	黄色
22	月	大安／申酉		出費はバランスが大切。クラウドファンディングで夢を応援。	北、南、東、西、北東	青
23	火	赤口／戌亥		誰かのために頑張るのを少し休んで、自分の時間を優先して。	南、西、北東、北西、南西	クリーム色
24	水	先勝／戌亥		人間関係に悩んだらハーブティーを。解決策が浮かびます。	北、西、北東	ペパーミントグリーン
25	木	友引／子丑		ハイテンションになりそう。仕事もサクサク片づけましょう。	南、北西、南東	茶色
26	金	先負／子丑		早い結果は求めず、下地をつくるとき。公園を散歩すると◯。	東、北西、南東	黒
27	土	仏滅／寅卯	♠	朝起きたら窓を開けて空気の入れ換えを。外出は控えること。	東、西、南東、南西	水色
28	日	大安／寅卯	★	アウトドアでパワーチャージを。積極的にチャレンジしてOK。	東、北西、南東、南西	オレンジ
29	月	赤口／辰巳		年末年始の収支をチェック。投資は安全性を重視して選んで。	北、南、東	白
30	火	先勝／辰巳	◆	いつもよりゴージャスな雰囲気を意識してみるといいことが。	北、南、北東、南東、南西	赤
31	水	友引／午未		問題が起きたら調整役を買って出て。円満に進めましょう。	北、南、東、西、北東	銀色

＊祝日法の改正により、祝日や休日が一部変更になることがあります。

静運　2024.2.4 〜 2024.3.4

開運3か条
- エコを心がける
- 残業は避ける
- 人と争わない

前進は控え、冷静さを大切にすること

先月の忙しさとは打って変わり、今月はギアダウンしてお休みモードで過ごしてください。社会的な活動は控えめにして、プライベートを充実させるようにしましょう。八方塞《ふさ》がり状態で苦しいかもしれませんが、不用意な行動を起こさず守りに徹してください。自分の生活習慣を見直し、これから全力で活動するためのパワー充電を心がけましょう。周囲から相談を持ちかけられたら、寛大な気持ちで対応してあげること。でも、あなたにデメリットしかもたらさない相手とは、思いきって関係を断ち切るチャンスです。

　気持ちが落ち着かないときは、家や部屋の中央にあるものをきれいにすること。また、冷蔵庫内の古い食材を処分すると運気が安定します。

2月の吉方位	南、北東、北北西、南南西
2月の凶方位	北、東、南東、西南西

この天中殺の人は要注意

寅《とら》卯《う》天中殺

家族内でお墓や相続問題で誤解が生まれそう。特に母親やきょうだいには、誤解されないように丁寧な言葉で話し合うようにしてください。遅刻が大きなトラブルにつながるので注意しましょう。

仕事運

芯が強く行動力のあるあなたですが、今月はおとなしく過ごしましょう。同僚と意見が対立しても決して戦わないこと。デスクまわりを掃除したりデータの整理をしたりするなど、誰もが心地よく仕事ができるようにすると運気も整います。仕事は早めに切り上げ、家でゆっくりパワーチャージをしてください。

金運

予定通りに行動することが無駄な出費を抑えます。お誘いはなるべく断り、お財布の紐《ひも》は固く締めましょう。日々の買い物もセール情報をチェックし、リストアップしてから行くように。お財布は常に整理し、カードやお札の向きを揃えましょう。

愛情運

自己主張を抑えないと相手との関係がギクシャクするだけ。今月は頑張っても思うようにはいきません。あなたからのアプローチは控え、受け身になって謙虚な姿勢で過ごすことが大切です。パートナーがいる人は、まったりとしたおうち時間を楽しんで。結婚の話が具体的になるかもしれません。

2月のおそうじ風水 ▶ キッチンのゴミ箱。外側やふた裏もきれいに。

日付	六曜／天中殺 祝日・歳時記	毎日の過ごし方 ★強運日 ♠要注意日 ♥愛情運 ◆金運 ♣人間関係運	吉方位	ラッキーカラー
1 木	先負／午未	前のめりな姿勢は失敗のもと。状況をうかがってから動いて。	南、西、北東、北西、南西	キャメル
2 金	仏滅／申酉	会食は和食店がおすすめ。場が盛り上がり親睦が深まります。	北、西、北東	ペパーミントグリーン
3 土	大安／申酉 節分	♥豆まきをし、恵方巻を食べて、運気の波にのりましょう。	南、北西、南東	碧（深緑）
4 日	赤口／戌亥 立春	本調子ではないので準備に専念しましょう。泥つき野菜が吉。	東、北西、南東	山吹色
5 月	先勝／戌亥	疲れやすいので今日はゆっくり。窓の結露はすぐに拭いて。	東、西、南東、南西	水色
6 火	友引／子丑	★ダンス動画で気分を上げて。じっくり取り組むと運気アップ。	東、北西、南東、南西	紫
7 水	先負／子丑	迷うなら断って。冷静さを忘れず、上手に選択しましょう。	北、南、東	黄色
8 木	仏滅／寅卯	貸したお金を催促してＯＫです。少額でも貸し借りは避けて。	北、南、北東、南東、南西	赤
9 金	大安／寅卯	移動はタクシーでスピーディーに。集中力がアップします。	北、南、東、西、北東	白
10 土	先勝／辰巳	スケジュールを調整し、午前中から動けばうまく回せそう。	南、西、北東、北西、南西	金色
11 日	友引／辰巳 建国記念の日	玄関掃除が◯。季節の花を飾ると、いいご縁に恵まれます。	北、西、北東	青
12 月	先負／午未 振替休日	恋人へのバレンタインギフトは今日買いましょう。奮発して。	南、北西、南東	ワインレッド
13 火	仏滅／午未	着地点が見えなくても努力を続けて。１階にあるカフェが吉。	東、北西、南東	キャメル
14 水	大安／申酉 バレンタインデー	プレゼンには向かない日。下調べに専念し次に備えましょう。	東、西、南東、南西	黒
15 木	赤口／申酉	感情は抑え、腰を据えて取り組みましょう。手鏡がラッキー。	東、北西、南東、南西	赤

16 金	先勝／戌亥		引越しの予定がなくても、不動産情報をチェックすると○。	北、南、東	ピンク
17 土	友引／戌亥		歯を見せて笑うことを意識して。毎食後の歯磨きは忘れずに。	北、南、北東、南東、南西	黄色
18 日	先負／子丑		強気になるとトラブルに。予算オーバーにも気をつけること。	北、南、東、西、北東	銀色
19 月	仏滅／子丑 雨水		周囲の意見は素直に聞きましょう。体調不良ならすぐ受診を。	南、西、北東、北西、南西	クリーム色
20 火	大安／寅卯	♣	昔の友人に連絡して情報交換を。よい仕事につながります。	北、西、北東	黄緑
21 水	赤口／寅卯		オルゴールを着信音にセットして。穏やかな恋が育《はぐく》めそう。	南、北西、南東	茶色
22 木	先勝／辰巳		自分の今後に役立つような朝活で、スキルを上げましょう。	東、北西、南東	山吹色
23 金	友引／辰巳 天皇誕生日	♠	家で過ごすか、近くの日帰り温泉やサウナに行くと運気回復。	東、西、南東、南西	紺色
24 土	先負／午未		外出時はこまめに化粧直しをして。ポーチの整理も忘れずに。	東、北西、南東、南西	赤
25 日	仏滅／午未		ダブルブッキングなどが起きがち。うまく調整してリスケを。	北、南、東	ピンク
26 月	大安／申酉	◆	セレブな人と知り合いになるかも。誠実さをアピールして。	北、南、北東、南東、南西	黄色
27 火	赤口／申酉		嫌な仕事を先延ばしにしないで。時計の盤面を磨きましょう。	北、南、東、西、北東	水色
28 水	先勝／戌亥		争わないこと。謙虚な態度で過ごしていれば、うまくいきます。	南、西、北東、北西、南西	金色
29 木	友引／戌亥		買い物運はありますが、収支のバランスを崩さないように。	北、西、北東	青

結実運 2024.3.5 〜 2024.4.3

（開運3か条）
- 腕時計をする
- 寄付をする
- 名刺の整理をする

❋ 心身ともに活気にあふれる幸運期！

先月パワーを充電したので、気力・体力ともに充実します。多忙な年度末になるでしょう。運気に恵まれるときこそチームワークを大切にして、円満な形で物事を進めましょう。調子がいいので自信過剰になりがちですが、バランス感覚をキープしないとひとり相撲になってしまいます。期待したような成果を得られない可能性があるので、注意しましょう。また、見切り発車も控えること。身の丈に合った計画を立て、真摯な気持ちで取り組むことが大切です。

仕事運に弾みがつく結実運。社会人としての振舞いが運気を左右します。身だしなみはもちろん、言葉遣いにも注意してください。また、目には見えない本質や価値を知る努力も必要です。

3月の吉方位	北、南、北東
3月の凶方位	西、北西、南東、南西

この天中殺の人は要注意

寅《とら》卯《う》天中殺

友人からの頼まれごとは安請け合いすると後々大変なのですぐには引き受けないこと。また、不動産の物件探しや契約を結ぶのは避けたほうが無難。噂話に加わると、信頼を失うことにつながります。

仕事運 ※寅卯天中殺の人は新しい仕事は先にのばして

自信にあふれ、順調に物事を進めることができます。面倒な案件も集中して取り組むことで、突破口がみつかるでしょう。あたためていたアイデアを企画書にして、上司に見せるといいとき。先輩のアドバイスは素直に聞きましょう。腕時計が運気アップの鍵。段取りよく物事を進めることができます。

金運

仕事への取り組みが金運アップの鍵に。予想外の昇給や臨時収入も見込めますが、それ以上に交際費がかさむかも。収支の管理を徹底し、必要な資金はプールしておきましょう。アウトレットでの買い物にツキがあるので、春物をチェックしてみて。

愛情運 ※寅卯天中殺の人は新しい出会いは先にのばして

仕事でさまざまな人と会いますが、プライドが邪魔をして恋に発展する機会はなさそう。運気は悪くないので、気になる人がいるなら積極的にアプローチを。同僚や取引先の人から紹介されるご縁は期待大です。パートナーがいる人は、仕事が忙しくすれ違いになりがち。連絡はまめにとり、気持ちを伝えること。

3月のおそうじ風水 ▶ **仕事部屋。余分なものを処分し、机を拭く。**

日	六曜／天中殺 祝日・歳時記	毎日の過ごし方 ★強運日 ♠要注意日 ♥愛情運 ◆金運 ♣人間関係運	吉方位	ラッキーカラー
1 金	先負／子丑	何事も中途半端にしないこと。推し活に勤しんで気分転換を。	南、北西、南東	ワインレッド
2 土	仏滅／子丑	郊外のアウトレットが開運スポット。家電の購入もＯＫです。	東、北西、南東	キャメル
3 日	大安／寅卯 桃の節句（ひな祭り）	観葉植物で気を浄化させましょう。バスグッズを新しくして。	東、西、南東、南西	白
4 月	赤口／寅卯	集中力を高める努力が必要。大事なことは日中にすませて。	東、北西、南東、南西	赤
5 火	先勝／辰巳 啓蟄	一攫千金をねらわないこと。スケジュール調整でリスク回避。	北、南、東	ピンク
6 水	友引／辰巳	対人関係では緊張感を保って。新曲は迷わずダウンロードを。	北、南、北東、南東、南西	黄色
7 木	先負／午未	社長業の知人に連絡すると、仕事の可能性が大きく広がります。	北、南、東、西、北東	銀色
8 金	仏滅／午未	へそくりを始めるといい日。常備菜で食材の無駄を省いて。	南、西、北東、北西、南西	金色
9 土	大安／申酉	♣玄関を掃除してお香を焚くと、いい人間関係を引き寄せます。	北、西、北東	ペパーミントグリーン
10 日	友引／申酉	楽しいデートに浮かれすぎないで。携帯電話の紛失に注意。	南、北西、南東	ワインレッド
11 月	先負／戌亥	小さなプロジェクトでも単独で動くのはＮＧ。周囲と連携して。	東、北西、南東	キャメル
12 火	仏滅／戌亥	♠大きな壁に突き当たりそう。あたたかいお茶を飲んで小休止を。	東、西、南東、南西	白
13 水	大安／子丑	★日光浴でエネルギーをチャージして。何事も順調に進みます。	東、北西、南東、南西	紫
14 木	赤口／子丑 ホワイトデー	バレンタインのお返しには、焼肉などお肉をご馳走になって。	北、南、東	黄色
15 金	先勝／寅卯	◆趣味を充実させ、有意義な時間を。思わぬ収入がありそう。	北、南、北東、南東、南西	赤

16	土	友引／寅卯	タワーマンションに住む友人を訪ねるなど、高い場所に行って。	北、南、東、西、北東	青
17	日	先負／辰巳 彼岸入り	お墓参りや仏壇掃除を。ご先祖様に感謝と報告をする日です。	南、西、北東、北西、南西	クリーム色
18	月	仏滅／辰巳	人間関係が複雑になりそう。連絡先はこまめに整理して。	北、西、北東	黄緑
19	火	大安／午未	♥ 花モチーフのアイテムで幸せオーラに包まれ、注目の的に。	南、北西、南東	碧（深緑）
20	水	赤口／午未 春分の日	計画が頓挫してしまうかも。副収入の方法を検討するのもあり。	東、北西、南東	キャメル
21	木	先勝／申酉	公私ともに不誠実な人にかかわらないこと。冷蔵庫の整理が吉。	東、西、南東、南西	黒
22	金	友引／申酉	おしゃれして外出を。とっておきのアクセサリーがラッキー。	東、北西、南東、南西	ベージュ
23	土	先負／戌亥 彼岸明け	部屋の模様替えで気分転換を。リフォームの相談もおすすめ。	北、南、東	ピンク
24	日	仏滅／戌亥	お金にまつわることには慎重になること。少額でも借金はＮＧ。	北、南、北東、南東、南西	赤
25	月	大安／子丑	心身ともに活気にあふれます。仕事では名刺を忘れないこと。	北、南、東、西、北東	水色
26	火	赤口／子丑	新生活を前に、謙虚な気持ちで生活習慣を見直しましょう。	南、西、北東、北西、南西	金色
27	水	先勝／寅卯	ニュースサイトをチェック。知的な魅力がアップします。	北、西、北東	ペパーミントグリーン
28	木	友引／寅卯	部屋やデスクの東に携帯を置くようにすると素敵な連絡が。	南、北西、南東	茶色
29	金	先負／辰巳	疲れがたまっているかも。昼食は納豆巻きでパワーチャージ。	東、北西、南東	キャメル
30	土	仏滅／辰巳	♠ 外出は控え、トイレやお風呂など水回りの掃除をしましょう。	東、西、南東、南西	紺色
31	日	大安／午未	★ 美容室でイメチェンを。すすめられた髪型にトライすると開運。	東、北西、南東、南西	ベージュ

2024
April

4月

金運　2024.4.4 〜 2024.5.4

開運3か条
- プレゼントを贈る
- 話題のスイーツを楽しむ
- 遅刻はしない

❋華やかな雰囲気の中、人生を楽しんで

春の訪れとともに運気は絶好調です。お花見や歓迎会など楽しいお誘いがたくさんありそうです。華やかなオーラに包まれたあなたに、男女問わずたくさんの人が集まり、それをきっかけに新たな世界が広がるでしょう。たくさんの人と交流し、ネットワークを充実させてください。ただし、無責任な対応はあなたの評価を下げます。対人関係では緊張感を忘れないように。ブレスレットを身につけると、よい気を呼び込めます。

会食の機会が増えるので、食べすぎ飲みすぎには注意してください。ウエイトコントロールも忘れないように。人の印象は第一印象で決まるといいます。デンタルケアも念入りにして、白い歯でいつも笑顔を絶やさないようにしましょう。

4月の吉方位	北、南、北東、南東、南西
4月の凶方位	東、西、北西

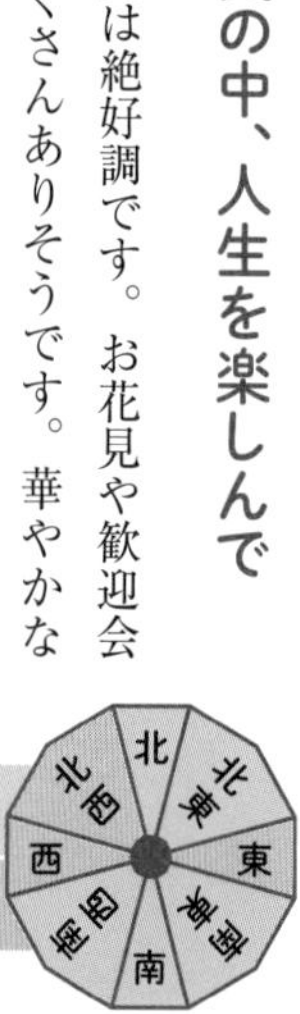

この天中殺の人は要注意

辰巳《たつみ》天中殺

落雷に遭ったような衝撃的なことが起きそう。かなり体力を消耗するので、柑橘類でビタミンC補給を心がけてください。詐欺に遭いやすい運気になります。十分に注意してください。

仕事運

努力を重ねてきたことが評価されます。人からの紹介で新しいビジネスチャンスに恵まれ、協力者が現れるでしょう。プライベートも忙しくなりますが、オンとオフの区別をつけ、仕事がおろそかにならないようにいつも以上に気を引き締めてください。取引先との会食の機会は大切にして。商談がうまくまとまりそうです。

金運

飲み会やレジャーなどお誘いが増え、出費がかさみます。楽しく過ごすのはいいのですが、お金の使い方にメリハリをつけ計画的な出費を心がけてください。貯金を崩したり借金をしたりするのもNG。お金に関する相談をするときは慎重になりましょう。

愛情運

※辰巳天中殺の人は新しい出会いは先にのばして

華やかな運気に導かれ、素敵な出会いが待っています。人の集まる場所に積極的に出かけ、運気の波にのりましょう。誠実な交際ができる相手なら縁談に発展するかもしれません。パートナーがいる人はささいなすれ違いがケンカの原因に。出会いが多いときなので、誤解されないように気をつけましょう。

4月のおそうじ風水 ▶ ジュエリー。お手入れをして、見せる収納を。

★強運日　♠要注意日　♥愛情運　◆金運　♣人間関係運

日	六曜／天中殺 祝日・歳時記	毎日の過ごし方	吉方位	ラッキーカラー
1 月	赤口／午未	パワーを省エネにするのが○。残業はしないで早めに帰宅して。	北、南、東	黄色
2 火	先勝／申酉	部署異動などの歓送迎会は笑顔で出席を。楽しむことで開運。	北、南、北東、南東、南西	金色
3 水	友引／申酉	価格で決めないで。高くても満足のいくものを選びましょう。	北、南、東、西、北東	青
4 木	先負／戌亥 清明	思い切って過去の悪い縁は清算を。ゴールドのアイテムが吉。	南、西、北東、北西、南西	クリーム色
5 金	仏滅／戌亥	無駄な付き合いはパスして帰宅して。うどんを食べましょう。	北、西、北東	銀色
6 土	大安／子丑	♥イヤホンを買い替えましょう。素敵な人に出会えるかも。	南、北西、南東	ワインレッド
7 日	赤口／子丑	肌に合うコスメがみつかります。メイクもステップアップを。	東、北西、南東	山吹色
8 月	先勝／寅卯	お米を洗うことが幸運の鍵。きちんとご飯を炊いてみて。	東、西、南東、南西	黒
9 火	先負／寅卯	気力はありますが空回りぎみ。書類の扱いには気をつけること。	東、北西、南東、南西	オレンジ
10 水	仏滅／辰巳	困りごとは小さくても即相談。特に家族に対しては急務です。	北、南、東	ピンク
11 木	大安／辰巳	◆楽しい時間を過ごせるでしょう。ブレスレットをつけると○。	北、南、北東、南東、南西	白
12 金	赤口／午未	朝ご飯はしっかりと。喫茶店のモーニングを食べてもOK。	北、南、東、西、北東	銀色
13 土	先勝／午未	模様替えで開運できます。部屋の真ん中にテーブルを置いて。	南、西、北東、北西、南西	キャメル
14 日	友引／申酉	海外の友人からいい知らせが。返事は忘れずにすること。	北、西、北東	青
15 月	先負／申酉	新しいシステムや人事にとまどうかも。流れにまかせましょう。	南、北西、南東	碧（深緑）

日	曜	六曜／十二支		運気	吉方位	ラッキーカラー
16	火	仏滅／戌亥 土用		レトロな陶磁器を触ると○。ランチにいくなら和食屋さんへ。	東、北西、南東	山吹色
17	水	大安／戌亥		バスオイルを入れてのんびり入浴を。湯船の掃除も忘れずに。	東、西、南東、南西	白
18	木	赤口／子丑	★	有力者と会う機会がありますが、いつもの自分で接すること。	東、北西、南東、南西	ベージュ
19	金	先勝／子丑 穀雨		新生活の疲れで転職を考えがち。高台にあるカフェで過ごして。	北、南、東	キャメル
20	土	友引／寅卯		皮肉を言うと運気が大幅にダウン。意地悪な自分は封印して。	北、南、北東、南東、南西	金色
21	日	先負／寅卯		アウトレットでの買い物にツキあり。自分へのご褒美もＯＫ。	北、南、東、西、北東	白
22	月	仏滅／辰巳		ＧＷに備えて家計を引き締めましょう。手作り弁当が○。	南、西、北東、北西、南西	黄色
23	火	大安／辰巳	♣	玄関を掃除して整えると、いい知らせが飛び込んでくるかも。	北、西、北東	青
24	水	赤口／午未		ＳＮＳで花のスタンプや絵文字を使ってみて。恋愛運がアップ！	南、北西、南東	赤
25	木	先勝／午未		ルーティンワークこそ丁寧に。ビーンズサラダで運気回復。	東、北西、南東	山吹色
26	金	友引／申酉	♠	ちょっとした疑念がトラブルのもとに。今日は信じる心が大事。	東、西、南東、南西	紺色
27	土	先負／申酉		ネットショッピングと好相性。お得だからと買いすぎないで。	東、北西、南東、南西	紫
28	日	仏滅／戌亥		家で静かに過ごしましょう。掃除で春のパワーを引き寄せて。	北、南、東	ピンク
29	月	大安／戌亥 昭和の日	◆	グルメ旅行などレジャーを満喫して。金運に弾みがつきます。	北、南、北東、南東、南西	金色
30	火	赤口／子丑		ＩＴ関連の人と知り合うかも。過度な自己アピールは控えて。	北、南、東、西、北東	白

改革運　2024.5.5〜2024.6.4

開運3か条
- 整理整頓をする
- 出費内容をチェック
- テーブルに花を飾る

受け身になり、パワーチャージを

望んでいなくても、環境や人間関係の変化に巻き込まれます。思い通りに進んでいきたいあなたですが、強引な前進はよい結果をもたらしません。変化には受け身の姿勢で対応してください。取り残されるような不安に苛《さいな》まれるかもしれませんが、焦りは禁物。今までの歩みを振り返り、今後に必要なものを準備するときだと考えましょう。二者択一を迫られたらリスクの少ないほうを選び、迷うなら判断は先延ばしにしてください。転職や独立も避けたほうがいいでしょう。

気持ちが不安定になってストレスがたまりやすくなります。家族でハイキングやグランピングを楽しみ、パワーを充電しましょう。しっかり休むことが今後のチャンスを引き寄せることにつながります。

5月の吉方位	北、南
5月の凶方位	西、北東、北西、南東、南西

この天中殺の人は要注意

辰《たつ》巳《み》天中殺

油断が大きなミスにつながります。どんなことも手を抜かず、ダブルチェックを忘れないように。頑固になると、身動きがとれなくなります。相談ごとは実母か、子どもを持つ女性の友人に。

仕事運

人事異動など周囲に変化があり、今までとは違う対応を迫られます。これまで順調に進んでいたことが停滞し、迷うことが増えそうです。自ら行動を起こし環境を変えたくなりますが、流れに従うことで発展していく運気。現状維持を心がけましょう。トラブルや悩みごとはひとりで抱えず、目上の人に相談してください。

金運

お金の使い方に慎重になりましょう。余計なものを買わないように出費をセーブし、貯金を減らさないことが大事。専門家に相談し、マネープランのアドバイスをしてもらうのもおすすめです。肉親と相続について話をするのにもいいときです。

愛情運

現状を変えたいという気持ちから結婚願望が強くなりますが、今はそのときではありません。自分磨きに力を入れ、次の機会を待ちましょう。変化は起こさないほうがいいのですが、悪い縁を断ち切ることは良縁を呼び込むことになります。パートナーとは休みを利用し、山登りやハイキングにいくのがおすすめです。

5月のおそうじ風水 ▸ **引き出し。中身を全部出して、水拭きして。**

★強運日 ♠要注意日 ♥愛情運 ◆金運 ♣人間関係運

日	曜	六曜／天中殺 祝日・歳時記	毎日の過ごし方	吉方位	ラッキーカラー
1	水	先勝／子丑 八十八夜	自分のために丁寧に新茶を淹れましょう。心が落ち着きます。	南、西、北東、北西、南西	クリーム色
2	木	友引／寅卯	頼まれごとは安請け合いせず連休明けまで保留に。熟考して。	北、西、北東	ペパーミントグリーン
3	金	先負／寅卯 憲法記念日	新しい趣味に時間とお金を使って。男友だちに恵まれます。	南、北西、南東	ワインレッド
4	土	仏滅／辰巳 みどりの日	陶芸体験があったら参加しましょう。土に触れると運気回復。	東、北西、南東	山吹色
5	日	大安／辰巳 こどもの日 立夏	柏餅を食べてのんびり過ごして。菖蒲湯で邪気を祓いましょう。	東、西、南東、南西	水色
6	月	赤口／午未 振替休日	友人の家でまったり。幸せのおすそ分けを受け、元気に。	東、北西、南東、南西	ベージュ
7	火	先勝／午未	人間関係に変化がありそう。肉料理を食べてスタミナをつけて。	北、南、東	キャメル
8	水	仏滅／申酉	仕事に身を入れること。年下の人からいいアイデアをもらえそう。	北、南、北東、南東、南西	赤
9	木	大安／申酉	リーダー役をまかされたら快諾を。大いに株が上がります。	北、南、東、西、北東	銀色
10	金	赤口／戌亥	お年寄りに敬意を払いましょう。席を譲り、話はよく聞いて。	南、西、北東、北西、南西	黄色
11	土	先勝／戌亥	♣小旅行がラッキー。実家が遠方なら母の日の前に帰省して。	北、西、北東	黄緑
12	日	友引／子丑 母の日	母親に花を贈りましょう。出費を惜しまないのがポイント。	南、北西、南東	茶色
13	月	先負／子丑	打算が働くと嫌われてしまいます。まわりのために動いて。	東、北西、南東	黒
14	火	仏滅／寅卯	♠計画していたことが台なしに。人を疑うと運気がダウン。	東、西、南東、南西	紺色
15	水	大安／寅卯	★エネルギーに満ち充実感を味わえます。身だしなみを整えて。	東、北西、南東、南西	赤

16 木	赤口／辰巳	テーブルを拭き花を飾りましょう。臨機応変に対応できます。	北、南、東	白
17 金	先勝／辰巳	◆ お付き合いのカラオケで、女性アイドルの歌を歌うと高評価。	北、南、北東、南東、南西	金色
18 土	友引／午未	身近な名所旧跡を訪ねましょう。パワースポットがおすすめ。	北、南、東、西、北東	銀色
19 日	先負／午未	財テク情報はじっくりチェックして。金箔入りスイーツが吉。	南、西、北東、北西、南西	クリーム色
20 月	仏滅／申酉 小満	行き違いが起こりそう。メールでのトラブルは特に注意を。	北、西、北東	青
21 火	大安／申酉	♥ 公私ともにチャンスを生かせそう。花モチーフがラッキー。	南、北西、南東	碧（深緑）
22 水	赤口／戌亥	しいたけが入った料理を食べて。アヒージョや焼物でも○。	東、北西、南東	山吹色
23 木	先勝／戌亥	自己主張が通らないとき。そういうものと割り切りましょう。	東、西、南東、南西	水色
24 金	友引／子丑	足りない化粧品を補充して。古くなったものは潔く処分を。	東、北西、南東、南西	オレンジ
25 土	先負／子丑	人間関係に変化あり。食事にランチョンマットを使うと吉。	北、南、東	ピンク
26 日	仏滅／寅卯	友だちに誘われたイベントは極力参加を。いい気がめぐります。	北、南、北東、南東、南西	黄色
27 月	大安／寅卯	メロンやメロン味のものを食べて。プラス思考になります。	北、南、東、西、北東	青
28 火	赤口／辰巳	前進は控えること。ゴールドのアクセサリーがお守りに。	南、西、北東、北西、南西	キャメル
29 水	先勝／辰巳	♣ 出がけにきれいなブラシを使って。ヘアアレンジもおすすめ。	北、西、北東	ペパーミントグリーン
30 木	友引／午未	人を見る目に自信がなくなるかも。梅干しのおにぎりが吉。	南、北西、南東	ワインレッド
31 金	先負／午未	油断大敵。日々のルーティンワークも気を引き締めましょう。	東、北西、南東	黒

2024
June

6月

頂上運　2024.6.5〜2024.7.5

開運3か条
- 記録を残す
- アウトドアを楽しむ
- 窓を磨く

運気は最高潮！　成果を得るチャンス

9つの運気の中で最高の頂上運に入りました。全力投球で進んでいきましょう。今までの努力が形になり、昇進や名声を得る人もいるでしょう。結果がはっきりと出る運気です。勝負運もあり想像以上の結果がついてくるかも。向上心が自然と湧いてくるので、勉強を始めるのに向いています。運気のよさを実感したら、お世話になった人に小さな贈り物をして幸せのおすそ分けを。

活動的になり多忙な毎日になります。集中力が欠如しやすいので注意しましょう。また、出会いは多いのですが、あなたから離れていく人も。人間関係の入れ替わりは静かに受け止めてください。隠しごとがある人は、それが白日の下にさらされるかも。言い訳をせず、誠実な対応をすれば、周囲の理解を得られるはずです。

6月の吉方位	南東、南西、北北西
6月の凶方位	北、南、西、北東

この天中殺の人は要注意

午未《うまひつじ》天中殺

子どもや部下に関するアクシデントが起きそう。助けを求めても、応えてくれる人は少ないかもしれません。思い込みで行動すると、周囲の信頼を失うことになります。静かに過ごすように努めて。

仕事運 ※午未天中殺の人は新しい仕事は先にのばして

望むポジションをつかむつもりで、自分の思う通りに動きましょう。新しいことにも前向きに取り組み、失敗を恐れずアイデアをアピールすれば、想像以上の評価を受けるかもしれません。周囲との協調を心がけ、さらなる成功を手にしましょう。気持ちが充実しているので無理をしがちです。適度な休息を心がけること。

金運

人付き合いが増え、高級店での食事やブランド品の購入などつい見栄を張りたくなることがありそう。身の丈に合ったお金の使い方を常に心がけるようにしましょう。くじ運があるので宝くじを購入してみては。鏡や窓をきれいに磨いておくと運気がアップします。

愛情運 ※午未天中殺の人は新しい出会いは先にのばして

さまざまな場面で出会いがあり、恋愛運も好調です。自信を持ってあなたの魅力をアピールしましょう。自分からのアプローチもOKですが、思い通りにならなかったらきっぱり諦めて。あなたのもとを離れる人がいても後は追わないこと。パートナーのいる人は誠実なお付き合いを続け、次のステップに進みましょう。

6月のおそうじ風水 ▸ **コンロまわり。五徳もきれいに磨いて。**

日	曜	六曜／天中殺 祝日・歳時記	毎日の過ごし方 ★強運日 ♠要注意日 ♥愛情運 ◆金運 ♣人間関係運	吉方位	ラッキーカラー
1	土	仏滅／申酉	♠食品ロスは気分もダウン。冷蔵庫のチェック後に買い物して。	東、西、南東、南西	紺色
2	日	大安／申酉	★日中は屋外で過ごして。アグレッシブになると運気がアップ。	東、北西、南東、南西	ベージュ
3	月	赤口／戌亥	気が進まないなら断るのもあり。出費はセーブすること。	北、南、東	キャメル
4	火	先勝／戌亥	◆高級スイーツなどプチぜいたくで、自分にご褒美をあげて。	北、南、北東、南東、南西	金色
5	水	友引／子丑 芒種	多忙ですがやりがいを感じるとき。タクシー移動で時短して。	北、南、東、西、北東	銀色
6	木	大安／子丑	責任ある立場に置かれそう。丸く収めるスタイルでのぞんで。	南、西、北東、北西、南西	黄色
7	金	赤口／寅卯	♣チャンスを生かせる日。努力が評価され、仕事もスムーズに。	北、西、北東	青
8	土	先勝／寅卯	♥レモンスカッシュが幸運を呼びます。好きな人と味わって。	南、北西、南東	茶色
9	日	友引／辰巳	伝統工芸品や民芸品に触れて。デパートで探してもOKです。	東、北西、南東	山吹色
10	月	先負／辰巳 入梅	ジメジメして気がめいりそう。靴を磨くと前向きな気持ちに。	東、西、南東、南西	白
11	火	仏滅／午未	よくも悪くも予想外の展開に。周囲の助けは素直に受けて。	東、北西、南東、南西	赤
12	水	大安／午未	ヘアアレンジを変えるなど、いつもと違う雰囲気で外出を。	北、南、東	ピンク
13	木	赤口／申酉	日常に華やぎをプラスすると○。昼食は人気のレストランへ。	北、南、北東、南東、南西	黄色
14	金	先勝／申酉	コンビニの募金箱など、少額でもいいので寄付をしましょう。	北、南、東、西、北東	水色
15	土	友引／戌亥	実家の不用品は、フリマアプリやリサイクルに出して。	南、西、北東、北西、南西	クリーム色

16	日	先負／戌亥 父の日	父の日は外食で感謝を伝えて。パスタ料理を作っても◯。	北、西、北東	ペパーミントグリーン
17	月	仏滅／子丑	チャンスでも準備不足なら挑戦しないで。早口はＮＧです。	南、北西、南東	ワインレッド
18	火	大安／子丑	きちんとベッドメイクして出かけると仕事の成果もＵＰします。	東、北西、南東	山吹色
19	水	赤口／寅卯	自分の考えに固執しないで。聞き役に徹すると運気が回復。	東、西、南東、南西	黒
20	木	先勝／寅卯	出かける前に窓を磨いて。結露もきれいに拭きとりましょう。	東、北西、南東、南西	オレンジ
21	金	友引／辰巳 夏至	電気を消してキャンドルだけで過ごして。迷いが消えます。	北、南、東	金色
22	土	先負／辰巳	ホテルのラウンジでお茶をするなら、おしゃれしましょう。	北、南、北東、南東、南西	白
23	日	仏滅／午未	自動車を洗ったり、ドライブをしたりすると運が開けます。	北、南、東、西、北東	銀色
24	月	大安／午未	収支のバランスが乱れがち。大きな出費はしばらく控えて。	南、西、北東、北西、南西	黄色
25	火	赤口／申酉	♣ 周囲の人の協力で物事がスムーズに。浴衣や下駄を用意すると◯。	北、西、北東	青
26	水	先勝／申酉	♥ 丁寧な言葉遣いをすると気になる人のハートを射止めるかも。	南、北西、南東	赤
27	木	友引／戌亥	脇役に徹すると◯。好きなアロマで部屋の空気を浄化して。	東、北西、南東	クリーム色
28	金	先負／戌亥	朝から疲れを感じそう。まわりの不平不満は聞き流してＯＫ。	東、西、南東、南西	紺色
29	土	仏滅／子丑	♠ 焦らないこと。ミネラルウォーターでひと息入れましょう。	東、西、南東、南西	白
30	日	大安／子丑	ボランティアをネットで探して。ステップアップできます。	東、北西、南東	黒

停滞運　2024.7.6 ～ 2024.8.6

開運3か条
- 噂話はしない
- 入浴を楽しむ
- こまめに水分補給をする

やる気ダウン。内面の充実をはかって

先月頑張ったので、パワーを使い切っています。心身ともに休息をして、パワー補給に努めてください。残業は避け、しっかり睡眠をとること。できるだけ外出も控え、家での時間を充実させましょう。水回りの掃除や洗濯などをこまめに行い、家の中を整えてください。

行動を起こそうとすると邪魔が入ります。無理をすれば周囲から誤解されることも。新しいことには手を出さず、情報収集をして状況分析をするときです。イライラして不平不満を口にすると、さらに運気が下がるので注意してください。

今月は読書や音楽鑑賞などで、あなたの内面を磨くことに力を入れましょう。身近な人を大切にすることも忘れないでください。

7月の吉方位	南東、南西
7月の凶方位	北、南、北東、北西

この天中殺の人は要注意

午《うま》未《ひつじ》天中殺

思いもよらない事態に慌てそうです。状況は静かに受け入れるしかありません。契約書や委任状の記入は、他の人のチェックを受けること。不満を口にするとさらに運気が下がるので注意してください。

仕事運

疲れやすく気分が落ち込みやすいとき。仕事も上の空になり、ケアレスミスが多くなります。自分からはなるべく動かないようにしましょう。ルーティンワークも丁寧にこなし、目の前の仕事をクリアすることに集中してください。プレゼンには向いていないので、資料作りや下調べに時間を使いましょう。

金運

収支のバランスを崩さないことを心がけ、衝動買いに注意しましょう。資産運用は独断で判断するのではなく、プロに相談するといいときです。お金は小額紙幣から使うように。キャッシュレス決済もこまめにチェックし、貯金には手をつけないこと。

愛情運

判断力が鈍っているので、新しい出会いには慎重になりましょう。気になる人と話すときは聞き役に徹し、自己アピールは避けること。人と会うより内面の充実をはかりたいときなので、気乗りしない飲み会や合コンは断ってOKです。パートナーがいる人は夏休みの予定を合わせ、プールや海に出かけると絆が深まります。

7月のおそうじ風水 ▸トイレ。掃除をし、スリッパなどは洗濯を。

★強運日　♠要注意日　♥愛情運　◆金運　♣人間関係運

日	六曜／天中殺 祝日・歳時記	毎日の過ごし方	吉方位	ラッキーカラー
1 月	赤口／寅卯 半夏生	アイデアがひらめき周囲に注目されます。タコを食べると吉。	南、北西、南東	茶色
2 火	先勝／寅卯	飛行機の写真を待ち受けに。人間関係がスムーズになります。	北、西、北東	黄緑
3 水	友引／辰巳	新規事業や新しい人脈に手を出さないこと。早めに帰宅して。	南、西、北東、北西、南西	黄色
4 木	先負／辰巳	先輩の話はよく聞きましょう。褒められたら素直に喜んで。	北、南、東、西、北東	青
5 金	仏滅／午未	思ったより物事が進まないかも。食事中のマナーは守って。	北、南、北東、南東、南西	赤
6 土	赤口／午未 小暑	座禅や写経などお寺のイベントに参加して。寺カフェも○。	北、南、東	キャメル
7 日	先勝／申酉 七夕	★ダンスを見ると開運に。自分でチャレンジするのもおすすめ。	東、北西、南東、南西	オレンジ
8 月	友引／申酉	♠孤立無縁になるかも。コットン製のシャツを着て穏やかに。	東、西、南東、南西	紺色
9 火	先負／戌亥	こまめに動くと吉。ちょっとした用事はサッとすませること。	東、北西、南東	クリーム色
10 水	仏滅／戌亥	パートナーを怒らせてしまうかも。花を飾ってなごやかに。	南、北西、南東	碧（深緑）
11 木	大安／子丑	♣服装を整えるとご縁が広がります。笑顔と挨拶を大切に。	北、西、北東	ペパーミントグリーン
12 金	赤口／子丑	気持ちが守りに入りますが、それが正解。日陰でひと休みを。	南、西、北東、北西、南西	金色
13 土	先勝／寅卯	家中のシルバー製品を磨いて。不要なら人にあげても。	北、南、東、西、北東	水色
14 日	友引／寅卯	妊娠中の友人や知人がいたら、ベビーシャワーでお祝いして。	北、南、北東、南東、南西	白
15 月	先負／辰巳 海の日	ハンバーガーがラッキー。海を見ながら夏気分で食べると○。	北、南、東	ピンク

16	火	仏滅／辰巳	集中力が続かないなら、おしゃれな文房具で気分を上げて。	東、北西、南東、南西	ベージュ
17	水	大安／午未	ギャンブル的な考えはＮＧ。地道にひとつずつ片づけましょう。	東、西、南東、南西	黒
18	木	赤口／午未	お盆でお茶を運ぶと開運に。来客対応は感じのよさが大事。	東、北西、南東	山吹色
19	金	先勝／申酉 土用	♥恋愛モードが全開に。優柔不断になるとチャンスを逃します。	南、北西、南東	赤
20	土	友引／申酉	トラブルメーカーとは少し距離を置いて付き合いましょう。	北、西、北東	青
21	日	先負／戌亥	セール食材をうまく使って、お得に常備菜を作りましょう。	南、西、北東、北西、南西	黄色
22	月	仏滅／戌亥 大暑	腕時計でやる気がアップ。文字盤つきのアナログタイプが○。	北、南、東、西、北東	銀色
23	火	大安／子丑	◆会食は話題のレストランへ。華やかな雰囲気をまとうと開運。	北、南、北東、南東、南西	金色
24	水	赤口／子丑	何かを引き継ぐかも。デスクを片づけると思考がシンプルに。	北、南、東	キャメル
25	木	先勝／寅卯	★ひまわりがラッキーアイテム。写真を待ち受けにしてもＯＫ。	東、北西、南東、南西	赤
26	金	友引／寅卯	♠聞き役に徹するとき。たまったストレスは雑巾がけで発散を。	東、西、南東、南西	水色
27	土	先負／辰巳	小さな鉢植えを育てて。自分にもまわりにもやさしくなれます。	東、北西、南東	黒
28	日	仏滅／辰巳	新しい動きに気疲れしそう。ピアノ曲を聴いてリラックス。	南、北西、南東	ワインレッド
29	月	大安／午未	♣自分の意志ははっきり口にして。相手に誤解なく伝わります。	北、西、北東	銀色
30	火	赤口／午未	思い通りにならないかも。夕食はデリバリーのピザですませて。	南、西、北東、北西、南西	黄色
31	水	先勝／申酉	お世話になった人にご馳走するなら身の丈に合った店選びを。	北、南、東、西、北東	白

2024 August

8月

基礎運 2024.8.7〜2024.9.6

開運3か条
- 草取りをする
- ボランティアをする
- 枝豆を食べる

❋人のために何ができるかを考える

人のサポート役になることでよい気を呼び込むことができます。結果を求めず、また評価も期待せず、チームの成果のために活動してください。たとえ手応えを感じなくても、投げやりにならないこと。計画は一進一退ですが、さらなる情報収集に努め、実現性のある計画を立てましょう。そして計画を立てたら、根回しを忘れないことが重要。楽な道を選ばず、あえて厳しい道を進むと新しい風景が見えてきます。

夏休みは土に触れるレジャーがおすすめです。農業体験や焼き物体験を楽しんでみては。田園風景を見るだけでもパワーチャージができます。お稽古ごとや語学、資格取得の勉強を始めるのにもいい時期。運動不足が気になる人は、ジムに入会するのもおすすめです。

8月の吉方位	南東、北北西
8月の凶方位	北、南、西、北東、南西

この天中殺の人は要注意

申《さる》酉《とり》天中殺

マイペースを心がけ、周囲に引きずられないようにしましょう。新しいことに手を出さず、リスクをとらないこと。家や土地にかかわる話には慎重に対応することが重要です。熱中症に注意してください。

仕事運

リーダーシップに長《た》けていますが、自己アピールを控え、守りに徹しましょう。人があまりやりたがらない雑務にも進んで取り組み、早さよりも丁寧さを優先させてください。今後のキャリアプランを描くのに大事な時期です。仕事の専門性を高める勉強や情報収集、人脈づくりで地固めをしっかりしておきましょう。

金運

「欲張らず堅実に」を意識し、無駄な出費を洗い出して。投資額をアップするのはいいのですが、新しい金融商品の購入は控えて。お財布の中は常に把握し、レシートや使っていないポイントカードは出しておきましょう。副収入を得る方法を調べるのもおすすめ。

愛情運 ※申酉天中殺の人は新しい出会いは先にのばして

パワーは低めですが、信頼できる年長者から良縁を紹介してもらえるかも。友人や趣味の仲間など気心の知れた人が恋のお相手になる可能性もあります。今月は情熱的なアプローチよりも、友人関係からスタートするお付き合いが向いています。パートナーのいる人は共通の趣味を一緒に楽しみましょう。

8月のおそうじ風水 ▶ **ベランダ。床を掃除し排水溝もチェック。**

★強運日　♠要注意日　♥愛情運　◆金運　♣人間関係運

日	六曜／天中殺 祝日・歳時記	毎日の過ごし方	吉方位	ラッキーカラー
1 木	友引／申酉	プライベートはほどほどに。無責任な態度は反発をかいます。	北、南、北東、南東、南西	赤
2 金	先負／戌亥	少し面倒な案件を引き継ぐことに。流れにのってみましょう。	北、南、東	金色
3 土	仏滅／戌亥	サングラスや帽子を取り入れたコーディネートにしましょう。	東、北西、南東、南西	紫
4 日	先勝／子丑	エネルギーは低め。夏祭りに行ったら金魚すくいを楽しんで。	東、西、南東、南西	紺色
5 月	友引／子丑	パジャマはきちんと着ること。ステップアップできます。	東、北西、南東	黒
6 火	先負／寅卯	加工したプロフィール写真は非難されそう。自然なものが○。	南、北西、南東	赤
7 水	仏滅／寅卯 立秋	付き合う相手を慎重に選んで。朝起きたら窓を開けましょう。	北、西、北東	ペパーミントグリーン
8 木	大安／辰巳	新しいことをするのはNG。生活習慣を見直して夏バテ防止を。	南、西、北東、北西、南西	金色
9 金	赤口／辰巳	外国人が困っていたらサポートを。目上の人の信頼を得ます。	北、南、東、西、北東	青
10 土	先勝／午未	◆推し活のオフ会にいい日です。自分から友人を誘ってもOK。	北、南、北東、南東、南西	白
11 日	友引／午未 山の日	部屋の整理整頓をすると実りある日に。フリマに出すのも吉。	北、南、東	黄色
12 月	先負／申酉 振替休日	デイキャンプやBBQなどアウトドアで過ごすと運気が上昇。	東、北西、南東、南西	オレンジ
13 火	仏滅／申酉 お盆(〜8／16)	♠お墓参りは掃除を念入りにして。家族と過ごすと運気回復。	東、西、南東、南西	水色
14 水	大安／戌亥	計画は根回しが大事。朝活で気を整えると一歩前進できます。	東、北西、南東	山吹色
15 木	赤口／戌亥	♥嬉しいお誘いを逃さないようメールの受信音はオンにして。	南、北西、南東	茶色

日	曜	六曜／干支	運気	吉方位	ラッキーカラー
16	金	先勝／子丑	♣人とのつながりからチャンスが。外出時に扇子を持つと○。	北、西、北東	銀色
17	土	友引／子丑	安定志向になります。シングルの人は結婚も前向きに考えて。	南、西、北東、北西、南西	黄色
18	日	先負／寅卯	話題のおいしいお寿司屋さんへ。旬の魚がツキを呼びます。	北、南、東、西、北東	白
19	月	仏滅／寅卯	趣味が充実し気が大きくなりますが、出費はセーブすること。	北、南、北東、南東、南西	赤
20	火	大安／辰巳	今日はリモートワークがおすすめ。体調の変化に注意して。	北、南、東	キャメル
21	水	赤口／辰巳	★くじ運がいい日。スクラッチなどで運試しをしてみましょう。	東、北西、南東、南西	ベージュ
22	木	先勝／午未 処暑	川沿いを散歩して気分転換を。服はコットンがおすすめです。	東、西、南東、南西	黒
23	金	友引／午未	思いがけない人事や声がけがありそう。打算を捨てて挑戦を。	東、北西、南東	山吹色
24	土	先負／申酉	好きな曲を聴いてウォーキングを。美に磨きがかかります。	南、北西、南東	碧（深緑）
25	日	仏滅／申酉	悩みごとは友人に相談。目からうろこの発想が得られそう。	北、西、北東	ペパーミントグリーン
26	月	大安／戌亥	手を広げないこと。外出の際は木陰で休むことを意識して。	南、西、北東、北西、南西	キャメル
27	火	赤口／戌亥	円満に進めたいなら、シルバーのアイテムをお守りにして。	北、南、東、西、北東	銀色
28	水	先勝／子丑	◆ガールズトークが仕事のヒントに。通勤中は聞き耳を立てて。	北、南、北東、南東、南西	黄色
29	木	友引／子丑	冷蔵庫の余りものでお弁当を作って。上手な選択ができます。	北、南、東	ピンク
30	金	先負／寅卯	アートを飾ると気分が上がります。何かに抜擢されるかも。	東、北西、南東、南西	紫
31	土	仏滅／寅卯 二百十日	♠ストレスを感じるなら、好きな入浴剤でよくあたたまって。	東、西、南東、南西	黒

2024 September

9月

開始運　2024.9.7 ～ 2024.10.7

（開運3か条）
- BGMをかける
- 新しい趣味を始める
- ドアベルをつける

❋チャンスが来たら、すぐに行動開始！

やりたいことが次から次へと浮かんできます。きちんと準備をしたことなら、行動に移しましょう。周囲の注目を集め、活気づきます。あたためていた企画を発表するのもＯＫ。新しい動きには従ってみましょう。ただし途中で投げ出さず、最後までやり抜くことが大切です。運気の波にのるには確実性が大切。準備不足や迷いが残るなら、次のチャンスまで待ってください。調子がいいのでハイテンションになりがち。誤解を招くような失言をすると、せっかくの運気を生かせないので気をつけて。

芸術の秋の始まり。コンサートやライブを楽しみましょう。ただし、活気ある運気で行動範囲が広がり、疲れてしまうこともありそう。好きな音楽を聴いて気分転換をするのも疲労回復には効果的です。

9月の吉方位	南、南東、北北西
9月の凶方位	北、東、西、北東、南西

この天中殺の人は要注意

申《さる》酉《とり》天中殺

仕事がおろそかになります。また、収支の管理がルーズになり、資金がショートするかも。なんとか危機をクリアしたと思っても、次の天中殺の谷が待っていそう。誘われても断り、ひとりでいるように。

仕事運 ※申酉天中殺の人は新しい仕事は先にのばして

モチベーションが上がり行動的になれます。しっかりと準備をしたプランなら、あなたらしく堂々と提案しましょう。ただし、挑戦的な態度は抑えること。周囲の意見を聞きながら慎重に進めると、実力以上の評価を受けるでしょう。メールや電話にはすぐに対応し、わかりやすく丁寧な言葉をチョイスしてください。

金運

交遊関係が広がり交際費が増えます。支出を把握していれば問題ありませんが、どこにお金をかけるべきか優先順位をつけましょう。サポートをしてくれる同僚や後輩にランチをご馳走するのはおすすめです。日頃の感謝を言葉でも伝えましょう。

愛情運 ※申酉天中殺の人は新しい出会いは先にのばして

多くの出会いに恵まれる運気。気になる人にはアプローチしてOKです。日頃から音楽や本、芸術に触れ、話題の引き出しを増やしておきましょう。明るい笑顔とポジティブな言葉が運気アップのポイントになります。パートナーがいる人はふたりの仲に前向きな進展があるかも。いつもと違うデートを計画してみて。

9月のおそうじ風水 ▶ **スマートフォン。画面をピカピカに磨いて。**

日	曜	六曜／天中殺 祝日・歳時記	毎日の過ごし方	吉方位	ラッキーカラー
1	日	大安／辰巳	防災食品の賞味期限をチェック。期限が近いなら早めに使って。	東、北西、南東	クリーム色
2	月	赤口／辰巳	新しいことを始めましょう。酸味のあるドリンクがラッキー。	南、北西、南東	ワインレッド
3	火	友引／午未	話題のコミュニケーション本を探して。助っ人が現れます。	北、西、北東	銀色
4	水	先負／午未	過去の失敗を指摘されても気にしないで。冷蔵庫の掃除が◯。	南、西、北東、北西、南西	金色
5	木	仏滅／申酉	家や職場の時計を調整して。時間管理の意識が高くなります。	北、南、東、西、北東	水色
6	金	大安／申酉	◆秋色の服で出社しましょう。大きな仕事をまかされるかも。	北、南、北東、南東、南西	赤
7	土	赤口／戌亥 白露	スタッキングアイテムで収納を効率的に。冷静になれます。	北、南、東	キャメル
8	日	先勝／戌亥	★アウトドアでランチを。ベランダや屋上でも爽快な気分に。	東、北西、南東、南西	オレンジ
9	月	友引／子丑 重陽の節句	♠現実逃避に走りそう。映画や音楽鑑賞で気分転換しましょう。	東、西、南東、南西	水色
10	火	先負／子丑	専門性を高める学びなど自己投資して。昼食はおにぎりが吉。	東、北西、南東	黒
11	水	仏滅／寅卯	派手な行動は控えましょう。サラダにレモンを添えると◯。	南、北西、南東	茶色
12	木	大安／寅卯	♣人とのつながりがチャンスに。自分にご褒美を買っていい日。	北、西、北東	黄緑
13	金	赤口／辰巳	部屋の真ん中に座るようにすると、気持ちが落ち着きます。	南、西、北東、北西、南西	クリーム色
14	土	先勝／辰巳	強気はトラブルに。ドッグランや犬カフェで犬と触れ合って。	北、南、東、西、北東	青
15	日	友引／午未	リップを強調したメイクを。美しい口元が金運アップの鍵。	北、南、北東、南東、南西	白

★強運日　♠要注意日　♥愛情運　◆金運　♣人間関係運

日	曜日	六曜／干支・行事	マーク	運気	吉方位	ラッキーカラー
16	月	先負／午未 敬老の日		親や祖父母にプレゼントを渡して。電話だけでも喜ばれます。	北、南、東	金色
17	火	仏滅／申酉 十五夜		自分のやり方で進んでＯＫ。オープンカフェで小休止すると吉。	東、北西、南東、南西	赤
18	水	大安／申酉		残暑でバテそう。かき氷や氷水でクールダウンをまめにして。	東、西、南東、南西	水色
19	木	赤口／戌亥 彼岸入り		疲れがたまってパワーは低め。朝食に納豆を食べましょう。	東、北西、南東	黒
20	金	先勝／戌亥	♥	来週に持ち越さず仕事をやり切ると、良縁が舞い込みます。	南、北西、南東	碧（深緑）
21	土	友引／子丑		集まりやセミナーには参加して。会いたい人に遭遇しそう。	北、西、北東	ペパーミントグリーン
22	日	先負／子丑 秋分の日		お墓参りで掃除を念入りに。おはぎを供えてご先祖様に感謝を。	南、西、北東、北西、南西	キャメル
23	月	仏滅／寅卯 振替休日		高級住宅地を散策して。リッチなよい気を分けてもらえます。	北、南、東、西、北東	銀色
24	火	大安／寅卯	◆	栗やサツマイモなど秋の味覚を食べると吉。スイーツでもＯＫ。	北、南、北東、南東、南西	赤
25	水	赤口／辰巳 彼岸明け		何かを引き継ぐかも。引き出しを整理して思考もシンプルに。	北、南、東	ピンク
26	木	先勝／辰巳	★	勉強がはかどりそう。ステップアップになるので集中して。	東、北西、南東、南西	紫
27	金	友引／午未	♠	何気ない言動が周囲にはわがままと映るかも。早めに帰宅を。	東、西、南東、南西	白
28	土	先負／午未		農作業が運気を上げます。収穫体験でリフレッシュして。	東、北西、南東	山吹色
29	日	仏滅／申酉		恋愛に対していまひとつ気持ちが進まないかも。焦りは禁物。	南、北西、南東	赤
30	月	大安／申酉	♣	朝は窓を開け、風を通して。いいニュースも入ってきます。	北、西、北東	銀色

2024
October

10月

開花運 2024.10.8〜2024.11.6

開運3か条
- 吉方位へ旅行
- ハーブティーを飲む
- ヘアスタイルを変える

コミュニケーションが開運の鍵に

あなたの力が高く評価され、たくさんのチャンスがめぐってきます。チャンスをつかむためには、迷わず飛び込んで行く瞬発力が必要。フットワークは常に軽くしておきましょう。友人や知人とこまめに連絡をとり、パーティーやセミナーには積極的に参加を。また多くのニュースに触れ、裏づけが確実なニュースをセレクトしておきましょう。人と交流が活発になるぶん、トラブルも増えます。頼まれたことは安請け合いしないこと。できそうもないことは、最初からはっきり断りましょう。

よい気を呼び込むためには、朝起きたら窓を開け、新鮮な風を通すこと。そして玄関には余分なものを置かず、生花を飾ってください。靴は出しっぱなしにせず、靴箱にきちんと収納しましょう。

10月の吉方位	北、北東
10月の凶方位	南、東、北西、南東、南西

この天中殺の人は要注意

戌亥《いぬい》天中殺

いろいろなリクエストに振り回され、孤軍奮闘《ふんとう》を強いられます。周囲のサポートは期待できないので、自力でなんとかするしかありません。パソコンをバージョンアップして、対応するようにしましょう。

仕事運 ※戌亥天中殺の人は新しい仕事は先にのばして

心身ともに活気にあふれ、仕事はスムーズに進みます。人脈が広がり、心強い助っ人も現れるでしょう。決断を迫られる場面では、スピーディーな対応が求められますが、相手の立場になって物事を考えて。コミュニケーション関連のセミナーに参加すると運気の後押しになります。もらった名刺はきちんと整理すること。

金運

交際費やファッション、アクセサリーにお金を使っていいときです。昔の友人と出かけ、旧交をあたためると運気がアップ。有意義な情報交換ができ、使ったお金以上に価値ある時間を過ごせるでしょう。ただしお金目当てで近寄ってくる人もいるので注意。

愛情運 ※戌亥天中殺の人は新しい出会いは先にのばして

出会いが多くなり、恋のチャンスも増えます。季節に合ったファッションで出かけ、あなたの魅力をアピールして。気になる人がいるなら自分から話しかけましょう。玄関を掃除し、生花を飾るといいご縁に恵まれます。パートナーのいる人は関係を一歩前進させていいとき。畳のある部屋で過ごすとラッキーです。

10月のおそうじ風水 ▸ **木製家具。水拭き後、引き出しの中も掃除。**

日	六曜／天中殺 祝日・歳時記	毎日の過ごし方 ★強運日 ♠要注意日 ♥愛情運 ◆金運 ♣人間関係運	吉方位	ラッキーカラー
1 火	赤口／戌亥	売れ残り品に福あり。食材の無駄を省き生活習慣の見直しを。	南、西、北東、北西、南西	黄色
2 水	先勝／戌亥	円満な形で物事を進めて。人と会うなら手土産を忘れずに。	北、南、東、西、北東	水色
3 木	先負／子丑	意識して気を引き締めること。リップメイクを強調すると○。	北、南、北東、南東、南西	白
4 金	仏滅／子丑	ギャンブル的な話はシャットアウトを。花を飾ると運気回復。	北、南、東	キャメル
5 土	大安／寅卯	★大きなチャレンジのタイミング。忙しい1日になりそう。	東、北西、南東、南西	ベージュ
6 日	赤口／寅卯	心身休息のとき。かわいい靴下を履いて家でまったり過ごして。	東、西、南東、南西	紺色
7 月	先勝／辰巳	将来につながる技術を取得できそう。自己投資をしましょう。	東、北西、南東	クリーム色
8 火	友引／辰巳 寒露	リモートワークはラジオをBGMに。財テク情報が手に入るかも。	南、北西、南東	ワインレッド
9 水	先負／午未	SNSで気球の写真を検索。物事を俯瞰《ふかん》できる視点が持てます。	北、西、北東	青
10 木	仏滅／午未	八方塞《ふさ》がりな日。先輩に相談すると解決策がみつかるかも。	南、西、北東、北西、南西	金色
11 金	大安／申酉	気持ちが充実しますが自信過剰はひんしゅくをかうので注意。	北、南、東、西、北東	白
12 土	赤口／申酉	◆紅葉狩りで自然のパワーをもらいましょう。近所の公園でも○。	北、南、北東、南東、南西	赤
13 日	先勝／戌亥	食材の無駄をチェックし、家計の入出金を把握しておくこと。	北、南、東	黄色
14 月	友引／戌亥 スポーツの日	過去の努力が結果に。アウトドアでスポーツを楽しむと吉。	東、北西、南東、南西	オレンジ
15 火	先負／子丑 十三夜	♠運気は低迷。盗難や詐欺に遭いやすいので気をつけましょう。	東、西、南東、南西	水色

16	水	仏滅／子丑	生活を整えると運気回復。キッチンではエプロンをつけて。	東、北西、南東	山吹色
17	木	大安／寅卯	♥ レモンティーを飲むとモテパワー全開に。行動してＯＫです。	南、北西、南東	碧（深緑）
18	金	赤口／寅卯	♣ 写真立てや携帯の画面をきれいに。悩みがクリアになります。	北、西、北東	ペパーミントグリーン
19	土	先勝／辰巳	理想のインテリアプランを練る日。素敵な部屋を検索して。	南、西、北東、北西、南西	黄色
20	日	友引／辰巳 土用	博物館などアカデミックな場所に行くと、運気が好転します。	北、南、東、西、北東	白
21	月	先負／午未	仕事仲間に差し入れすると難を逃れます。話題のスイーツを。	北、南、北東、南東、南西	赤
22	火	仏滅／午未	自分がリスクをとる決断は避けること。投資にも向きません。	北、南、東	ピンク
23	水	大安／申酉 霜降	★ きちんとした服で出かけて。仕事で引き立ててもらえます。	東、北西、南東、南西	紫
24	木	赤口／申酉	将来に備えてへそくりを始めるといい日。財テクを学んでも。	東、西、南東、南西	白
25	金	先勝／戌亥	ジムに入会するなら今日。体質改善のきっかけになります。	東、北西、南東	キャメル
26	土	友引／戌亥	寄席がラッキースポットです。時間を忘れて楽しめそう。	南、北西、南東	碧（深緑）
27	日	先負／子丑	大人のマナー教室に行くと一生もののスキルが身につきます。	北、西、北東	黄緑
28	月	仏滅／子丑	謙虚になると丸く収まります。朝食にヨーグルトを添えて。	南、西、北東、北西、南西	金色
29	火	大安／寅卯	事態好転の兆《きざ》しが。トラブルの対処は今日中にしましょう。	北、南、東、西、北東	水色
30	水	赤口／寅卯	◆ 仕事への情熱が高まります。対人関係では気を引き締めて。	北、南、北東、南東、南西	赤
31	木	先勝／辰巳 ハロウィン	ネイルカラーとカボチャスイーツでハロウィン気分を満喫。	北、南、東	黄色

2024
November

11月

静運　2024.11.7 ～ 2024.12.6

開運3か条
- ヨーグルトを食べる
- スケジュールの確認
- 部屋の模様替え

何事も丸く収める心がけが大切

　何をやってもうまくいかない閉塞感に包まれます。そんなふうに感じても、自暴自棄になってはいけません。仕事よりプライベートを、または家族を大切にするようにと運気がアドバイスしているのです。家族との絆を深めるように心がけてください。新しいことには手を出さず周囲と協力しながら、一つひとつ丁寧にこなすこと。家で過ごす時間を充実させ、エネルギーを蓄えておきましょう。無理をして前進しようとすると、敵をつくることになります。何事も腹八分目で満足するように気持ちを切り替えてください。

　過去のトラブルが蒸し返される可能性もあります。言い訳をしたり、人に逆らったりしないこと。アドバイスは謙虚な気持ちで耳を傾けましょう。

11月の吉方位	南、北東、南西、北北西
11月の凶方位	北、東、南東

この天中殺の人は要注意

戌《いぬ》亥《い》天中殺

スキャンダルに見舞われそう。過去のトラブルも蒸し返されそうです。天中殺はメンタルトレーニングのひとつと考え、冷静な姿勢でいること。お年寄りを大切にして運気の貯金を心がけて。

仕事運

判断に迷ったら安全策をとりましょう。仕事に対するプライドはいったん置き、現状維持で十分という気持ちを大切にしてください。何事も余裕をもたせ、スケジュール管理には細心の注意を払いましょう。今月はひとりで進められる作業が向いていますが、人とかかわるときは意見を聞きながら、ゆっくり進めること。

金運

うまくいかないストレスを、買い物で発散しようとするのはやめましょう。クローゼットの不用品を整理し、リサイクルショップやフリマアプリに出すと臨時収入になるかも。エコを心がけ、すべての無駄に敏感になると金運は整ってきます。

愛情運

出会いは期待できません。強引なアプローチは相手を引かせるだけ。家族との時間や趣味、自分磨きに時間を費やし、心穏やかに過ごしましょう。パートナーがいる人は嫉妬心を抑えることが大切。聞き役になって話を真剣に聞きましょう。相手に寄り添う気遣いをすると、次のステップへとつながっていきます。

11月のおそうじ風水 ▶ **観葉植物。葉っぱを拭き植木鉢もきれいに。**

★強運日　♠要注意日　♥愛情運　◆金運　♣人間関係運

日	曜	六曜／天中殺 祝日・歳時記	毎日の過ごし方	吉方位	ラッキーカラー
1	金	仏滅／辰巳	会社帰りにインテリアショップへ。模様替えを考えると吉。	東、北西、南東、南西	紫
2	土	大安／午未	自分自身を振り返るとき。実家を訪ね、家族と過ごして。	東、西、南東、南西	白
3	日	赤口／午未 文化の日	田園風景がラッキー。心が癒《いや》され、エネルギーが湧きます。	東、北西、南東	クリーム色
4	月	先勝／申酉 振替休日	♥特別なスタートのタイミング。新しい恋を引き寄せましょう。	南、北西、南東	ワインレッド
5	火	友引／申酉	和食店での昼食がツキを呼びます。上品な食べ方を心がけて。	北、西、北東	ペパーミントグリーン
6	水	先負／戌亥	先に進もうとすると敵が現れます。謙虚な態度で過ごすと○。	南、西、北東、北西、南西	黄色
7	木	仏滅／戌亥 立冬	強気に出ると失敗します。欲を出しすぎず身の丈に合わせて。	北、南、東、西、北東	銀色
8	金	大安／子丑	◆魅力的な笑顔で人気上昇！　少し派手めのコーデがポイント。	北、南、北東、南東、南西	赤
9	土	赤口／子丑	デートはモデルルームや住宅展示場へ。将来をイメージして。	北、南、東	ピンク
10	日	先勝／寅卯	★ドライブで海辺のレストランへ。気持ちのいい休日になります。	東、北西、南東、南西	オレンジ
11	月	友引／寅卯	♠噂話に加わるとブーメランが返ってきます。早めに帰宅して。	東、西、南東、南西	白
12	火	先負／辰巳	きちんとした言葉遣いや態度が大事。評価が一気に上がります。	東、北西、南東	黒
13	水	仏滅／辰巳	みかんを食べるとキュートさUP。好きな人の前で食べてみて。	南、北西、南東	茶色
14	木	大安／午未	♣季節を意識したファッションが吉。周囲の協力を得られます。	北、西、北東	銀色
15	金	赤口／午未 七五三	昔の失敗を蒸し返されそう。言い訳をせず冷静さを大切に。	南、西、北東、北西、南西	金色

16	土	先勝／申酉	勝負に出たくなりますが冷静に。誰かにご馳走しましょう。	北、南、東、西、北東	青
17	日	友引／申酉	人気のモンブランを食べに出かけて。高級感のある店が理想的。	北、南、北東、南東、南西	赤
18	月	先負／戌亥	今日の衝動買いは失敗します。特売品でも買わずに帰宅を。	北、南、東	黄色
19	火	仏滅／戌亥	ネイルを新しくすると気分が上がり、チャンスがめぐります。	東、北西、南東、南西	ベージュ
20	水	大安／子丑	趣味の時間が充実する日。ＳＮＳで気の合う仲間がみつかるかも。	東、西、南東、南西	紺色
21	木	赤口／子丑	１階にあるレストランで食事して。いい話が舞い込みます。	東、北西、南東	山吹色
22	金	先勝／寅卯 小雪	♥人の話を聞く姿勢が年上の人に受けそう。話すときもゆっくりと。	南、北西、南東	赤
23	土	友引／寅卯 勤労感謝の日	放置していたメールに返信をして。相手の立場で考えること。	北、西、北東	黄緑
24	日	先負／辰巳	生活習慣の見直しを。冷蔵庫の中のものだけで食事を用意して。	南、西、北東、北西、南西	クリーム色
25	月	仏滅／辰巳	金融商品の情報を集めて。副収入の道を考えるのもおすすめ。	北、南、東、西、北東	水色
26	火	大安／午未	◆秋刀魚《さんま》やキノコなど秋の味覚を堪能。レストランでぜいたくを。	北、南、北東、南東、南西	白
27	水	赤口／午未	財布やアプリの残高が足りないかも。買い物前に資金を確認。	北、南、東	黄色
28	木	先勝／申酉	★ポジティブな感覚を味わえます。新しいことを始めると開運。	東、北西、南東、南西	紫
29	金	友引／申酉	♠自分ファーストでＯＫ。仕事帰りにサウナでリフレッシュを。	東、西、南東、南西	紺色
30	土	先負／戌亥	公園を散歩して。ドッグランがある広めの公園がベストです。	東、北西、南東	山吹色

2024
December
12月

結実運 2024.12.7～2025.1.4

開運3か条
- 名所旧跡に行く
- 車で移動する
- 資料の整理をする

パワー全開で1年のしめくくりを！

チャージしたエネルギーを使い、精力的に動くときです。経験や知識を生かして前進してください。努力家のあなたのことを目上の人が評価し、リーダー役に引き立てられそう。同僚や後輩のサポートを生かしながらプランを実行していきましょう。心身ともにパワーがあるので、独走になりがちです。自信過剰な言動は不協和音の原因になるので注意してください。円満な形で物事を進めることが開運のポイントです。

自分のハードルは高めに設定してもいいのですが、他人にそれを求めてはいけません。強気に出ると上司との信頼関係を損なう結果になります。師走は多忙な時期になるので、体調には十分気をつけて。忙しくても朝ご飯をしっかり食べ、仕事にのぞみましょう。

12月の吉方位　北、北東

12月の凶方位　南、北西、南東、南西

この天中殺の人は要注意

子丑《ねうし》天中殺

年末を迎え、生活のリズムが崩れます。忘年会やクリスマスパーティーで知り合った人とは一定の距離を保って。また、メールの誤送信に注意してください。待ち合わせは余裕をもって行動すること。

仕事運

多忙ですが、心身ともに活気にあふれます。充実した毎日が仕事への自信につながり、さらによい結果をもたらすでしょう。さまざまなアイデアが浮かび、企画書作りもスムーズです。初志貫徹できるのはいいのですが、独断で物事を判断しがち。ひとりで抱え込むのではなく、上司や先輩にアドバイスを乞いましょう。

金運

臨時収入が期待できますが、クリスマスや忘年会など出ていくお金も増えます。仕事に必要なアイテムは高品質なものを選んで。ただし予算を決めてからにしましょう。投資額をアップさせるのはOKですが、堅実さを忘れないこと。

愛情運

※子丑天中殺の人は新しい出会いは先にのばして

仕事関係の会食や職場の忘年会で、あなたに好意を抱く人が現れそう。いつもよりおしゃれをして、魅力をアピールして。上質なアクセサリーを身につけると運気がアップします。パートナーがいる人はクリスマスや年末年始の予定を合わせ、一緒に出かけましょう。少し高級なレストランでの食事がおすすめです。

12月のおそうじ風水 ▸ **パソコン。画面の汚れをとりデータを整理。**

日	六曜／天中殺 祝日・歳時記	毎日の過ごし方	吉方位	ラッキーカラー
1 日	大安／戌亥	♥好きな人に告白するなら、目力をアップさせたメイクを。	南、北西、南東	赤
2 月	赤口／子丑	♣人の集まる場所が吉。食べ物の近くでコートを脱がないこと。	北、西、北東	青
3 火	先勝／子丑	カッとなることがあっても冷静に。早めに帰宅しましょう。	南、西、北東、北西、南西	黄色
4 水	友引／寅卯	電話対応を丁寧にすると一目置かれます。言葉遣いも大事。	北、南、東、西、北東	銀色
5 木	先負／寅卯	フェミニンな服装が○。立ち居振舞いにも美意識を。	北、南、北東、南東、南西	金色
6 金	仏滅／辰巳	すき焼きを食べると吉。予算を抑えるなら自宅で作って。	北、南、東	ピンク
7 土	大安／辰巳 大雪	★映画館で泣ける映画を。大きな感銘を受け、人生のヒントに。	東、北西、南東、南西	ベージュ
8 日	赤口／午未	寝室を片づけましょう。ピローフレグランスは上質なものを。	東、西、南東、南西	白
9 月	先勝／午未	職場では脇役に徹しましょう。昼食はおにぎりがおすすめ。	東、北西、南東	クリーム色
10 火	友引／申酉	軽い気持ちの冗談が誤解を生むかも。発言はよく考えてから。	南、北西、南東	碧（深緑）
11 水	先負／申酉	玄関を掃除し、近所の人に会ったら笑顔で挨拶しましょう。	北、西、北東	ペパーミントグリーン
12 木	仏滅／戌亥	冷蔵庫を整理し、期限切れの食材は処分。生活習慣も見直して。	南、西、北東、北西、南西	金色
13 金	大安／戌亥	重要な話し合いは高層階で。商談なら成功率が上がります。	北、南、東、西、北東	白
14 土	赤口／子丑	パーティーには参加を。華やかな雰囲気のメイクにすると開運。	北、南、北東、南東、南西	赤
15 日	先勝／子丑	トラブルに巻き込まれそう。気にせず自分の行動に集中して。	北、南、東	キャメル

★強運日 ♠要注意日 ♥愛情運 ◆金運 ♣人間関係運

16	月	友引／寅卯	大切なことは日中に。勝負運があるので宝くじを買っても。	東、北西、南東、南西	オレンジ
17	火	先負／寅卯	♠年より老けて見られそう。会社帰りのエステなどで自分磨きを。	東、西、南東、南西	水色
18	水	仏滅／辰巳	仕事は選ばず引き受けて。対応力の広さが大きく評価されます。	東、北西、南東	黒
19	木	大安／辰巳	♥イルミネーションの並木道を歩くと、気持ちが華やぎ運気上昇。	南、北西、南東	ワインレッド
20	金	赤口／午未	♣チャンスを生かせます。心から願っていることを思い描いて。	北、西、北東	黄緑
21	土	先勝／午未 冬至	大掃除前に不用品の処分を。夜はゆず湯で邪気と汚れを祓って。	南、西、北東、北西、南西	キャメル
22	日	友引／申酉	大事な相手にクリスマスギフトを買って。ハイブランドも○。	北、南、東、西、北東	水色
23	月	先負／申酉	年末年始の収支を計算。上手なやりくりでイベントをこなして。	北、南、北東、南東、南西	黄色
24	火	仏滅／戌亥 クリスマス・イブ	家族でおうちクリスマスを楽しんで。ローストビーフが吉。	北、南、東	金色
25	水	大安／戌亥 クリスマス	★お相手がいる場合には一歩前進するかも。飛び込んでOKです。	東、北西、南東、南西	紫
26	木	赤口／子丑	思いがけない人に出会うかも。名刺はいつも持ち歩くように。	東、北西、南東、南西	紫
27	金	先勝／子丑	掃除をしたら模様替えで気分を変えて。上手な選択ができます。	北、南、東	キャメル
28	土	友引／寅卯	◆SNSで話題のスイーツを食べましょう。楽しむことで金運上昇。	北、南、北東、南東、南西	赤
29	日	先負／寅卯	ニットキャップなど帽子のおしゃれを。モコモコ素材がベスト。	北、南、東、西、北東	白
30	月	仏滅／辰巳	人と争わないこと。お正月のために金箔入りの日本酒を買って。	南、西、北東、北西、南西	クリーム色
31	火	赤口／辰巳 大晦日	♣家族に協力してもらい、年越しそばとおせちを用意しましょう。	北、西、北東	ペパーミントグリーン

COLUMN 3

～2024年のラッキーフード～

柑橘類と酸味でエネルギーチャージを

2024年全体のラッキーフードは柑橘類や酸味です。みかんやオレンジ、レモン、お酢、梅干しを毎日の食生活に取り入れましょう。たとえばレモンならレモンティーや、サラダに添えるだけでもOK。梅干しのおにぎりも手軽でおすすめです。また、桃は邪気を祓うので旬の時期に食べましょう。

フルーツには旬があるので、フレッシュなものが手に入らないときは、写真やポストカード、イラストなどを目に入る場所に飾っておくのもいいでしょう。若々しいエネルギーに包まれる2024年ですから、ラッキーフードで体にパワーを取り入れてください。

第5章
九星別の相性の法則

相性の法則

運気通りに過ごせば、相性のよい人たちを引き寄せます

幸せな人生を送るためには、相性はとても大切なものです。相性と運気は深くかかわっています。運気通りに過ごしていれば、周囲には自分と相性のいい人たちが自然と集まってきます。

また、相性が合わない人と出会ったとしても、互いに認め合える面だけで上手に付き合っていくことができるのです。

ユミリー風水では、厳密にいうと4つの要素で相性を見て総合的に判断していますが、本書では人生の基本となる生まれ年の星（カバー裏参照）、つまりライフスター同士の相性を見ていきます。

ライフスターの相性がいいとは、長い時間を一緒に過ごす住まいや職場での営みが

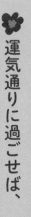

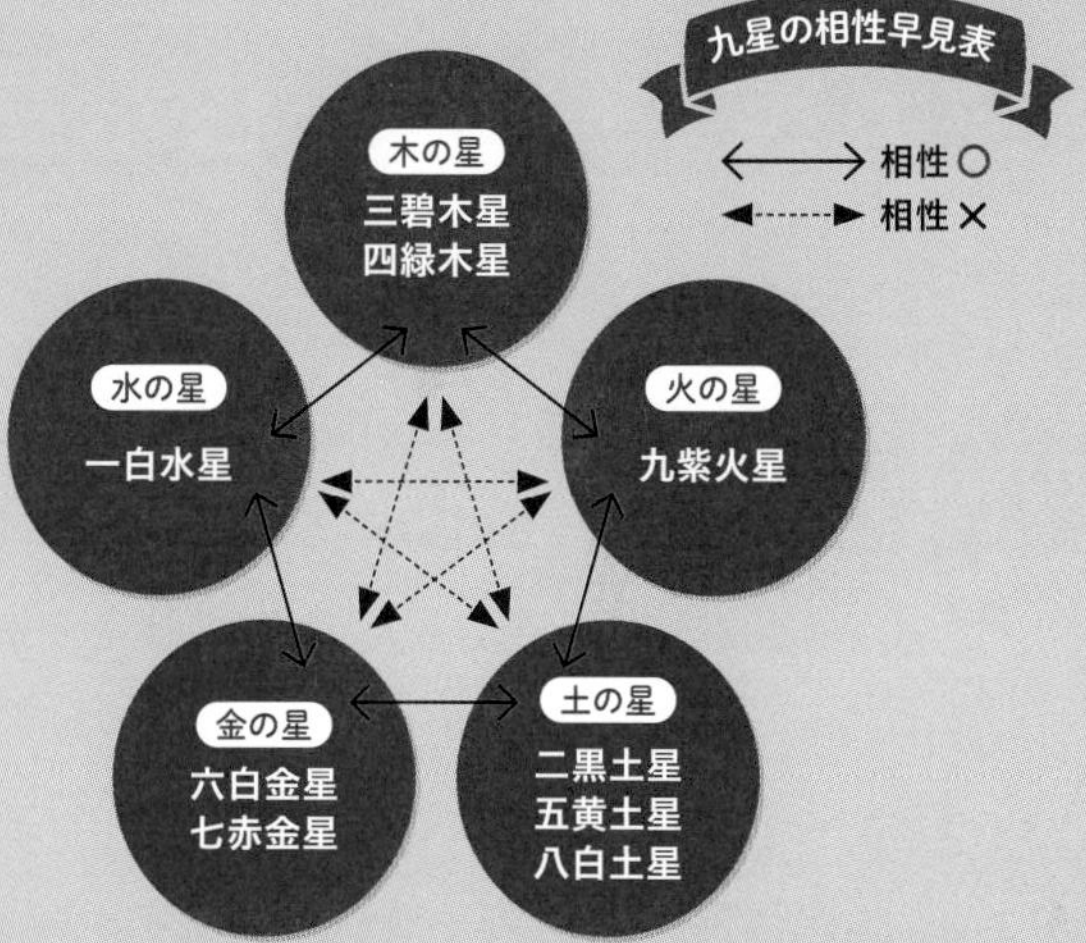

合うということを意味します。相性がいいと自分の気持ちや考え方がすんなりと相手に伝わるので、相手も理解、思いやり、感謝、愛情、親切といったものを返してくれます。逆に、相性が悪い場合は、125ページで相性が合わない場合の対処法を紹介しているので、ぜひ参考にしてください。

上の図は、ライフスター同士の相性をあらわした図です。風水の五行という考え方を取り入れ、9つのライフスターを五行に分け、相性を見ています。隣り合う星同士は相性がよく、向かい合う星同士は相性が悪いということになります。

（土の星）　（水の星）

五黄土星 と 一《いっ》白《ぱく》水《すい》星《せい》

栄養たっぷりの腐葉土である五黄は、すでに適度な水分を含むので、一白の水を必要としません。

相性×

恋愛

五黄は思うように物事を進めるワンマンタイプです。一白は相手や状況によって変化できるので、ある程度五黄に合わせることができます。うまくやるコツは、一白への気遣いを忘れないこと。

夫婦

夫が五黄、妻が一白の場合は、努力すればうまくやっていけます。穏やかな夫婦関係を維持していくためには、仕事や趣味など、お互いの世界を持つことです。

友人

価値観が異なるので、お互いの距離が近ければ近いほど、関係は難しくなりそうです。共通のライバルや目標があれば、友情が生まれる可能性もあります。

仕事

ペースが合わず、疲れる相手です。五黄の強引さに一白がついてこられなくなります。一白の言い分で納得できることは認めましょう。

一白水星の2024年

2024年は開始運の年。何かを始めるにはぴったりの時期です。行動的になると気分も前向きに。やりたいことにチャレンジして。

（土の星）（土の星）

五黄土星 と 二黒《じ》土《こく》星《どせい》

同じ土の星同士で、本質は同じ。腐葉土の五黄と田畑の二黒は一緒になっても、違和感を抱き合うことはありません。

相性〇

恋愛

土は自ら動くことはできません。五黄も二黒も同じ土の星同士のため、近づいて交流が深まるまでに時間がかかります。五黄の強情さと、二黒の忍耐強さをお互いに認めることができれば、ベストカップルになるでしょう。

夫婦

どちらが夫でも妻でも、問題はありません。お互いに異なる力を持っているので、長所と短所を補い合うことができますが、五黄が大人の対応をするとうまくいきます。

友人

五黄がリーダーシップを発揮し、二黒の励まし役となる関係です。五黄は、二黒を上手にフォローして守ってあげることが大切です。

仕事

お互いにリアリストなので、確実に成果をあげることができます。ただし、もめると関係修復までに時間がかかってしまうことを忘れずに。五黄が大人の対応を。

二黒土星の2024年

これまでの行動や努力の成果が見えはじめる開花運の年。人付き合いも活発になりますが、トラブルにならないように注意して。

（土の星）　（木の星）

五黄土星 と 三《さん》碧《ぺき》木《もく》星《せい》

三碧は木の星。腐葉土である五黄から、
草花を象徴する三碧が養分をどんどん吸い取ってしまいます。

相性×

恋愛

三碧は美しい花を咲かせるために、どうしても五黄が必要です。ただし、五黄は自分を変えてまで三碧と付き合おうとはしないので、三碧のストレスがたまり爆発することに。五黄が三碧をねぎらう心がけが必要になります。

夫婦

夫が三碧で、妻が五黄という立場なら、なんとかうまくいく関係です。相手のことに干渉《かんしょう》しないこと。家事の役割分担をあらかじめ決めておくのもいいでしょう。

友人

一緒にいて心地いいと感じる相手ではないかも。たまに会うくらいの関係であれば、問題はありません。旅行などは避けたほうが無難。

仕事

同じプロジェクトに参加する場合は、とにかく三碧に干渉しないこと。寛大な気持ちで理論派の三碧を認めることが大切になってきます。

三碧木星の2024年

運気の波がいったん止まる静運の年。新しいことを始めるよりも、生活習慣を見直したり家族と過ごしたりして余裕をもった生活を心がけて。

（土の星）　（木の星）

五黄土星 と 四《し》緑《ろく》木《もく》星《せい》

樹木を象徴する四緑は、三碧同様に腐葉土である五黄の養分をどんどん吸い取り、パワーを低下させてしまいます。

相性×

恋愛

五黄にとって四緑は本心がつかみにくい相手です。自己中心的な五黄には、八方美人の四緑の言動が理解できません。四緑の浮気を心配し、束縛しようとするでしょう。お互いに信頼し合い、干渉しないことがうまくやっていくコツです。

夫婦

四緑が夫で、妻が五黄なら努力次第でうまくやっていけます。五黄は四緑の言うことを、額面通りに受け取らないこと。また、束縛しないことも大切です。

友人

四緑とは深入りせずに、一定の距離感を保った付き合いをするのがいいでしょう。付き合うメリットを感じなければ、知り合い程度で。

仕事

四緑の能力の高さを、五黄が認めることができるなら、お互いによき協力者となります。一定の距離を保った関係でいるといいでしょう。

四緑木星の2024年

2024年は運気が上向きになる結実運の年です。仕事で望むような活躍ができ、心身ともに充実しそう。社会的地位を固めて。

（土の星）（土の星）

五黄土星 と 五黄土星

強いパワーを持つ星同士。エネルギッシュでワンマンなふたり。
衝突しがちと思われますが、相性はまずまずです。

相性〇

恋愛

お互いに自己主張が激しいので、意地を張らず、相手を立てながら付き合うようにしていくと良好な関係を築くことができます。男性がイニシアティブをとるようにするといいでしょう。共通の目標があると、強い絆で結ばれます。

夫婦

妻が内助《ないじょ》の功《こう》を発揮する形がベスト。うまくやっていくには、共通の趣味を持つなど、同じ時間や空間を共有する努力を心がけることが大切です。

友人

相手に合わせようとする気持ちをお互いが持たないと、難しい相性になります。自己主張ばかりでは、収拾困難な状況になります。

仕事

お互いわが道を行くタイプなのに、不思議と共感し合えます。上下関係をはっきりさせ、年長者を立てれば、さらによい関係を築けます。

五黄土星の2024年

実り豊かな金運の年です。満ち足りた気分を味わうことができそう。2024年は人との交流の場にはできるだけ参加して。

（土の星）（金の星）

五黄土星 と 六《ろっ》白《ぱく》金《きん》星《せい》

六白は金の星で鉱物。五黄の土は長い年月をかけて、鉱物である六白を生み出していく関係になります。

相性○

恋愛 どちらもリーダーシップを発揮できるので、同じ目標を持てば力が倍増します。お互いに向上心が旺盛《おうせい》で、尊重し合える間柄ですが、ベタベタした関係にはなりません。どちらかといえばクールな大人の関係になるでしょう。

夫婦 夫が五黄、妻が六白のほうがうまくいきます。ただし、わがままも度を越せば、どちらかが逃げていくことになります。気遣いや思いやりは大切にしてください。

友人 お互いに波長が同じなのでうまくいきますが、議論になると引くことができません。適当なところで話題を変えるようにすればいい関係です。

仕事 お互いに“歯に衣《きぬ》着せない”言葉を口にする直球タイプ。相手の立場を考えて発言すれば、行動派の六白は頼もしい存在になるはずです。プライドは傷つけないように。

六白金星の2024年

ひと区切りがつく改革運の年です。周囲に変化があるかもしれませんが、慌てずに落ち着いて。努力を継続することが大切です。

（土の星）　　　　（金の星）

五黄土星 と 七《しち》赤《せき》金《きん》星《せい》

夜空の星の七赤が、土の五黄をいつも見守り励ます関係です。
五黄も七赤のためなら頑張れる相性です。

相性○

恋愛

会ってすぐに気が合い、一緒にいて楽しいと思う相手です。五黄は七赤に安心してわがままを言うことができます。社交家の七赤は、五黄の生活を華やかにしてくれますが、七赤の主張も認め、歩み寄る姿勢を忘れないようにしましょう。

夫婦

夫が五黄で妻が七赤の場合、よりうまくいきます。五黄が七赤をリードして、敬愛の気持ちを持って大切に接すること。調子にのっていると、しっぺ返しをくらいます。

友人

仲のいい友だちになれます。ただし、七赤を怒らせると、五黄のプライドが傷つくような厳しい指摘が待っているので、気をつけましょう。

仕事

外交的なことが得意な七赤にどんどん仕事をまかせ、五黄はどっしりと構えていられます。役割分担を明確にすれば、スムーズに仕事が運ぶ相性です。

七赤金星の2024年

運気が頂点に達する頂上運の年。周囲からの注目度も高くなり、実力が認められる年です。新しいことにチャレンジするのも○。

（土の星）　　　　（土の星）

五黄土星 と 八《はっ》白《ぱく》土《ど》星《せい》

同じ土の星なので、持っている本質は同じ。
落ち葉が積もってできた腐葉土の五黄を、山の八白が包み込みます。

相性○

恋愛

同じような性格なので、理解し合うのも簡単です。ただし、お互い動かない土の星なので、気持ちを確認するまでには時間がかかります。深く付き合うほど絆が深まり、わがままな五黄を、八白が受け止めるという関係になるでしょう。

夫婦

夫婦ならどちらが夫でも妻でもうまくいく相性です。刺激し合うような関係ではありませんが、お互いの強さを認め、尊敬できる安定した関係が築けます。

友人

きょうだいのような距離感で付き合いができます。一度友情が芽生えると、ささいなケンカでは揺るがない一生の友だちになれるでしょう。

仕事

ふたりで起業したくなる相性です。五黄が威張れるような環境なら、起業もうまくいくはず。働き者の八白が頑張ることで、少しずつ事業を大きくしていけます。

八白土星の2024年

季節でいえば真冬にあたる停滞運の年です。新しいことを始めるには向きません。心と体をゆっくり休めるのに適しています。

（土の星）

（火の星）

五黄土星 と 九紫火星《きゅうしかせい》

九紫は火の星で、火によって燃やされた自然界のものは、土の星である五黄の養分となり蓄積される関係です。

相性○

恋愛

五黄は、華やかでサービス精神旺盛な九紫に惹かれます。九紫のリードでデートを楽しむことができ、五黄の世界が広がります。お互いに気が強いので、ケンカをしたら、どちらかが折れないと収拾がつきません。

夫婦

夫が九紫、妻が五黄だとベターです。価値観は似ているので、友だちのような夫婦になるはず。同じ大きな目標を持つことで、歩調を合わせて歩んでいけます。

友人

お互いに楽しい時間を共有できますが、競争心が出てくると張り合うことになります。どちらも個性が強く言いたいことは言うので同じ役割にはならないほうがいいでしょう。

仕事

熱しやすく冷めやすい九紫を、五黄がうまく調子にのせることができるかどうかがポイントに。意見が合わないと激論に発展してしまいます。

九紫火星の2024年

冬眠から目覚めて、活動を始める基礎運の年。基礎固めの時期にあたるので目標をしっかり定め、コツコツと努力を積み重ねましょう。

相性が合わないとき

**ライフスターの相性は、毎日の営みにおける相性です。
相性が合わないのにいつも一緒だと、より摩擦が大きくなります。
自分の世界を持ち、適度な距離感を保つことがうまくやっていく秘訣です。**

恋愛 同棲は避けましょう

家で夫婦のようにまったり過ごすより、デートをするなら外へ出かけたり、グループで楽しんで。いつもベッタリは控え、同棲は避けましょう。結婚間近なら、お互いに仕事を持って暮らしていけるように努力して。

夫婦 仕事や趣味を充実

家での生活にあまりにも強い執着があると、ふたりの間の摩擦がより大きくなります。夫婦の場合、共働きをしている、お互い趣味や習いごとがあるなど、自分の世界を持っていればうまくいくケースが多いのです。

友人 礼儀を忘れずに

プライベートな部分に土足で入っていくことはしないようにしましょう。親しき仲にも礼儀ありの心がけがあれば、長続きします。価値観が異なるので、相手からの相談には意見を言うよりも聞き役に回って。

仕事 感情的な言動は控えて

もともと物の見方や感性が異なることをしっかり認識すること。違うのは当たり前だと思えば腹は立ちません。相手の長所をなるべくみつけて。自分と合わないところには目をつぶって、感情的にならないように。

COLUMN 4

〜2024年の休日の過ごし方〜

自然や音楽を楽しんでリラックス

若草や花に触れる休日の過ごし方がおすすめです。ベランダガーデンを作ったり、アレンジメントフラワーを作って飾ったり。インテリアにグリーンを取り入れるのも忘れずに。

散歩も風水のラッキーアクションですが、特に2024年は並木道がおすすめです。春なら桜並木、秋なら銀杏《いちょう》並木を歩いて。また庭園をゆっくり散歩してもいいでしょう。

コンサートやライブで好きなアーティストの音楽を楽しむのも三碧木星の象意に合っています。家の中でもＢＧＭを流すようにするとよい気に包まれ、リラックスできます。

運を育てるための心得

❋運気はめぐっている

私たちの人生は、停滞運から頂上運までの9つの運気が順番にめぐってきます。いいときも悪いときも平等にやってきます。悪いときのダメージを少なくするために運気の貯金が必要です。悪いときは貯金を使い、そしてたまった運気は使うと、さらに増やすことができます。衣食住を整えることは毎日の運気の積み立て貯金。**あなたにめぐっている運気に合ったアクションで運気の貯金をしましょう。**また、吉方を生かすことで、運気の貯金をプラスできます。人は毎日の生活の中で、移動しながら活動しています。吉方へ動くことは追い風にのって楽しく移動するということ。今後の発展に影響する運気の貯金ができます。

また、吉方の神社にお参りを続けると、運気の貯金を増やすことができます。日のカレンダーにある吉方位を参考にして運気を貯金していきましょう。

❋9つの運気を理解する

停滞運　季節では真冬にあたるとき。植物が土の中でエネルギーを蓄えるように、春の芽吹きをじっと待つ時期です。思うようにならないと感じることも多くなりますが、**心と体を休めてパワーチャージしてください**。行動的になると、疲れたりトラブルに巻き込まれたりすることも。これまでの行いを振り返り、自分自身を見つめるのにいいときです。

＊運気のため方　掃除や片づけなどで水回りをきれいにして、ゆったりとした時間を過ごしましょう。食生活では上質な水をとるようにしてください。朝起きたら1杯の水を飲み、清々しい気分で1日をスタートさせましょう。

基礎運　冬眠から覚め、活動を開始するとき。自分の生活や環境を見直して、これからの人生の基礎固めをするような時期です。**目標を決め、それに向けた計画を立てましょう**。目の前のことをコツコツこなし、手堅く進んでください。また、この時期は目立つ行動は避け、サポート役に回ったほうが無難です。趣味や勉強など自分磨きには向いているので、学びたいことをみつけ、努力を続けましょう。

＊運気のため方　地に足をつけてしっかり歩ける靴を選びましょう。ガーデニングなどで土に触れると運気の貯金になります。食事は根菜類を取り入れたヘルシー料理がおすすめ。自然を意識した過ごし方で英気を養いましょう。

開始運　季節でいうと春をあらわし、秋に収穫するために種まきをするとき。**物事をスタートさせるにはいいタイミングで、やりたいことがあるならぜひチャレンジしましょう。**行動的になるほどモチベーションも上がり、気持ちも前向きになっていく運気。ただし、準備不足と感じるなら次のチャンスまで待ってください。表面的に華やかなので、ついその雰囲気につられてしまうと、中途半端なまま終わることになります。

＊運気のため方　心地いい音に包まれることで開運します。ピアノ曲をＢＧＭにしたり、ドアベルをつけたりして生活の中に美しい音を取り入れましょう。食事では梅干しや柑橘類など酸味のあるものをとりましょう。

開花運　春にまいた種が芽を出して成長し花を咲かせる、初夏をイメージするときです。これまでの努力や行動に対する成果が表れはじめ、心身ともに活気にあふれます。気持ちも充実し、新たな可能性も出てきそうです。人脈が広がってチャンスにも恵まれますが、出会いのあるぶん、トラブルも起こりやすくなります。**頼まれごとは安請け合いせず、持ち帰って冷静な判断をするようにしてください。**

＊運気のため方　食事は緑の野菜をたっぷりとるようにしましょう。住まいの風通しには気を配ってください。和室でのマナーを守り、美しい立ち居振舞いを心がけて。空間にアロマやお香などいい香りをプラスするとさらに運気が活性化されます。

静運　運気の波が止まって、静寂が訪れるようなときです。動きがなく安定しているので、ひと休みをするべき運気。**新しいことには着手せず、生活習慣を見直したり家の中で家族と過ごしたりするのがおすすめです。**思い通りにならないと感じるなら、スケジュール調整をしっかりしましょう。安定志向になるので、この時期に結婚をするのは向いています。ただし、引越しや転職などは避けてください。

＊運気のため方　この時期は時間にゆとりを持って行動することも大切。文字盤の大きい時計を置き、時間は正確に合わせておいてください。お盆やお彼岸にはお墓参りをし、きれいに掃除をしてください。

結実運　運気が上がり、仕事で活躍できるときです。やりがいを感じ、心からの充実感も味わえるでしょう。**目上の人から信頼を得られるので、自分の力をしっかりア**

ピールして社会的地位も固めましょう。また、新しいことを始めるのにも向いている時期です。真摯に取り組んでさらなる結果を出してください。ただし、何事もやりすぎには注意して。チームとして動くことで夢を実現させましょう。

＊運気のため方　ハンカチやスカーフなど小物は上質なものを選んで。高級感のある装いがさらなる幸運を呼びます。理想を追求していくと、人生もそれに見合った展開になっていくでしょう。名所旧跡を訪ねましょう。

金運　季節でいえば秋。黄金の収穫期を迎え、満ち足りた気持ちを味わうことになるでしょう。これまで努力してきたことが成果となって金運に恵まれます。交友関係も広がり、楽しいお付き合いも増えるでしょう。**楽しむことでいい運気を呼び込むことができるときなので、人との交流の機会は断らないように。**新しい世界が広がって、さらなるチャンスに恵まれます。また、仕事への情熱も高まって金運を刺激します。

＊運気のため方　宝石を身につけましょう。またデンタルケアを大切にしてください。食品の管理、冷蔵庫の掃除などにも気を配ってください。西日が強い部屋は金運を下げます。西側は特にきれいに掃除して、カーテンをかけましょう。

改革運　晩冬にあたる時期です。**家でゆっくり過ごしながら自分を見つめ直す、リ**

セットの時期です。ひと区切りがつくので立ち止まり、自己チェックを！　まわりで変化が起きますが、慌てず落ち着いて対応しましょう。迷ったら慎重になって、ときには断る勇気も必要になってきます。特にお金がからむことには首を突っ込まず、避けるようにしてください。粘り強く努力を続けることが大切です。

＊運気のため方　イメージチェンジがおすすめです。部屋に山の写真や絵を飾ると大きなビジョンで物事を考えることができるようになります。根菜類を料理に取り入れてください。渦巻き模様のアイテムが運気の発展を後押ししてくれます。

頂上運　これまでの努力が実を結び、運気の頂点に達したことを実感できるとき。積極的に動くことで実力が認められ、名誉や賞賛を手にすることができます。充実感もあり、エネルギーも湧いてくるでしょう。新しいことにチャレンジしてもＯＫ。**存在感をアピールして、自分が望むポジションをつかみましょう。**頂上に昇ることは目立つこと！　隠しごとも露見してしまうときです。早めに善処しておきましょう。

＊運気のため方　めがねや帽子、アクセサリーなど小物にこだわったファッションを取り入れましょう。部屋には美術品などを飾り、南側の窓はいつもピカピカに磨いておくと、運気がたまります。キッチンのコンロもこまめに掃除を。

【基数早見表①】1935 年〜 1964 年生まれ

	1月	2月	3月	4月	5月	6月	7月	8月	9月	10月	11月	12月
1935年（昭10）	13	44	12	43	13	44	14	45	16	46	17	47
1936年（昭11）	18	49	18	49	19	50	20	51	22	52	23	53
1937年（昭12）	24	55	23	54	24	55	25	56	27	57	28	58
1938年（昭13）	29	0	28	59	29	0	30	1	32	2	33	3
1939年（昭14）	34	5	33	4	34	5	35	6	37	7	38	8
1940年（昭15）	39	10	39	10	40	11	41	12	43	13	44	14
1941年（昭16）	45	16	44	15	45	16	46	17	48	18	49	19
1942年（昭17）	50	21	49	20	50	21	51	22	53	23	54	24
1943年（昭18）	55	26	54	25	55	26	56	27	58	28	59	29
1944年（昭19）	0	31	0	31	1	32	2	33	4	34	5	35
1945年（昭20）	6	37	5	36	6	37	7	38	9	39	10	40
1946年（昭21）	11	42	10	41	11	42	12	43	14	44	15	45
1947年（昭22）	16	47	15	46	16	47	17	48	19	49	20	50
1948年（昭23）	21	52	21	52	22	53	23	54	25	55	26	56
1949年（昭24）	27	58	26	57	27	58	28	59	30	0	31	1
1950年（昭25）	32	3	31	2	32	3	33	4	35	5	36	6
1951年（昭26）	37	8	36	7	37	8	38	9	40	10	41	11
1952年（昭27）	42	13	42	13	43	14	44	15	46	16	47	17
1953年（昭28）	48	19	47	18	48	19	49	20	51	21	52	22
1954年（昭29）	53	24	52	23	53	24	54	25	56	26	57	27
1955年（昭30）	58	29	57	28	58	29	59	30	1	31	2	32
1956年（昭31）	3	34	3	34	4	35	5	36	7	37	8	38
1957年（昭32）	9	40	8	39	9	40	10	41	12	42	13	43
1958年（昭33）	14	45	13	44	14	45	15	46	17	47	18	48
1959年（昭34）	19	50	18	49	19	50	20	51	22	52	23	53
1960年（昭35）	24	55	24	55	25	56	26	57	28	58	29	59
1961年（昭36）	30	1	29	0	30	1	31	2	33	3	34	4
1962年（昭37）	35	6	34	5	35	6	36	7	38	8	39	9
1963年（昭38）	40	11	39	10	40	11	41	12	43	13	44	14
1964年（昭39）	45	16	45	16	46	17	47	18	49	19	50	20

【基数早見表②】 1965 年～ 1994 年生まれ

	1月	2月	3月	4月	5月	6月	7月	8月	9月	10月	11月	12月
1965年（昭40）	51	22	50	21	51	22	52	23	54	24	55	25
1966年（昭41）	56	27	55	26	56	27	57	28	59	29	0	30
1967年（昭42）	1	32	0	31	1	32	2	33	4	34	5	35
1968年（昭43）	6	37	6	37	7	38	8	39	10	40	11	41
1969年（昭44）	12	43	11	42	12	43	13	44	15	45	16	46
1970年（昭45）	17	48	16	47	17	48	18	49	20	50	21	51
1971年（昭46）	22	53	21	52	22	53	23	54	25	55	26	56
1972年（昭47）	27	58	27	58	28	59	29	0	31	1	32	2
1973年（昭48）	33	4	32	3	33	4	34	5	36	6	37	7
1974年（昭49）	38	9	37	8	38	9	39	10	41	11	42	12
1975年（昭50）	43	14	42	13	43	14	44	15	46	16	47	17
1976年（昭51）	48	19	48	19	49	20	50	21	52	22	53	23
1977年（昭52）	54	25	53	24	54	25	55	26	57	27	58	28
1978年（昭53）	59	30	58	29	59	30	0	31	2	32	3	33
1979年（昭54）	4	35	3	34	4	35	5	36	7	37	8	38
1980年（昭55）	9	40	9	40	10	41	11	42	13	43	14	44
1981年（昭56）	15	46	14	45	15	46	16	47	18	48	19	49
1982年（昭57）	20	51	19	50	20	51	21	52	23	53	24	54
1983年（昭58）	25	56	24	55	25	56	26	57	28	58	29	59
1984年（昭59）	30	1	30	1	31	2	32	3	34	4	35	5
1985年（昭60）	36	7	35	6	36	7	37	8	39	9	40	10
1986年（昭61）	41	12	40	11	41	12	42	13	44	14	45	15
1987年（昭62）	46	17	45	16	46	17	47	18	49	19	50	20
1988年（昭63）	51	22	51	22	52	23	53	24	55	25	56	26
1989年（平1）	57	28	56	27	57	28	58	29	0	30	1	31
1990年（平2）	2	33	1	32	2	33	3	34	5	35	6	36
1991年（平3）	7	38	6	37	7	38	8	39	10	40	11	41
1992年（平4）	12	43	12	43	13	44	14	45	16	46	17	47
1993年（平5）	18	49	17	48	18	49	19	50	21	51	22	52
1994年（平6）	23	54	22	53	23	54	24	55	26	56	27	57

【基数早見表③】 1995年～2024年生まれ

	1月	2月	3月	4月	5月	6月	7月	8月	9月	10月	11月	12月
1995年（平7）	28	59	27	58	28	59	29	0	31	1	32	2
1996年（平8）	33	4	33	4	34	5	35	6	37	7	38	8
1997年（平9）	39	10	38	9	39	10	40	11	42	12	43	13
1998年（平10）	44	15	43	14	44	15	45	16	47	17	48	18
1999年（平11）	49	20	48	19	49	20	50	21	52	22	53	23
2000年（平12）	54	25	54	25	55	26	56	27	58	28	59	29
2001年（平13）	0	31	59	30	0	31	1	32	3	33	4	34
2002年（平14）	5	36	4	35	5	36	6	37	8	38	9	39
2003年（平15）	10	41	9	40	10	41	11	42	13	43	14	44
2004年（平16）	15	46	15	46	16	47	17	48	19	49	20	50
2005年（平17）	21	52	20	51	21	52	22	53	24	54	25	55
2006年（平18）	26	57	25	56	26	57	27	58	29	59	30	0
2007年（平19）	31	2	30	1	31	2	32	3	34	4	35	5
2008年（平20）	36	7	36	7	37	8	38	9	40	10	41	11
2009年（平21）	42	13	41	12	42	13	43	14	45	15	46	16
2010年（平22）	47	18	46	17	47	18	48	19	50	20	51	21
2011年（平23）	52	23	51	22	52	23	53	24	55	25	56	26
2012年（平24）	57	28	57	28	58	29	59	30	1	31	2	32
2013年（平25）	3	34	2	33	3	34	4	35	6	36	7	37
2014年（平26）	8	39	7	38	8	39	9	40	11	41	12	42
2015年（平27）	13	44	12	43	13	44	14	45	16	46	17	47
2016年（平28）	18	49	18	49	19	50	20	51	22	52	23	53
2017年（平29）	24	55	23	54	24	55	25	56	27	57	28	58
2018年（平30）	29	0	28	59	29	0	30	1	32	2	33	3
2019年（令1）	34	5	33	4	34	5	35	6	37	7	38	8
2020年（令2）	39	10	39	10	40	11	41	12	43	13	44	14
2021年（令3）	45	16	44	15	45	16	46	17	48	18	49	19
2022年（令4）	50	21	49	20	50	21	51	22	53	23	54	24
2023年（令5）	55	26	54	25	55	26	56	27	58	28	59	29
2024年（令6）	0	31	0	31	1	32	2	33	4	34	5	35

直居由美里（なおいゆみり）

京都造形芸術大学「東京芸術学舎・ライフスタイル学科」にて風水講座の講師を経て、2012年より由美里風水塾を開校。環境学の学問として、風水・家相学などを30年にわたり研究し、独自のユミリー風水を確立した。「人は住まいから発展する」というユミリーインテリアサイエンスの理念のもと、風水に基づいた家づくりを提案し、芸能人や各界のセレブにもファン多数。テレビや雑誌、講演会のほか、企業のコンサルタントとしても活躍中。2009年「易聖」の称号を得る。現在YouTubeで「ユミリー風水研究所」として幸運な人生の送り方を発信中。

YouTube　https://www.youtube.com/@user-zr9kk1be9j
公式HP　http://www.yumily.co.jp

波動表に基づいた運勢やアドバイスを毎日更新中!（携帯サイト）
『直居ユミリー恋愛♥風水』　https://yumily.cocoloni.jp
『ユミリー成功の法則』　https://yms.cocoloni.jp

ブックデザイン　フレーズ
カバーイラスト　押金美和
本文イラスト　レミイ華月
編集協力　テクト・パートナーズ、メイ
撮影　市川勝弘
ヘアメイク　今森智子
衣装協力　YUKI TORII INTERNATIONAL

九星別《きゅうせいべつ》ユミリー風水《ふうすい》
2024
五黄土星《ごおうどせい》

2023年　8月10日　第1刷発行

著　者　直居由美里《なおいゆみり》
発行者　佐藤 靖
発行所　大和《だいわ》書房
東京都文京区関口1-33-4
電話　03-3203-4511

本文印刷　光邦
カバー印刷　歩プロセス
製本所　ナショナル製本

ISBN978-4-479-31044-0
乱丁・落丁本はお取り替えいたします。
https://www.daiwashobo.co.jp

特別付録

願いを叶えるお守りカード

五黄土星

護符を毎日眺めてください。または点線で切り取り、
誰にも見えないように、いつも持ち歩くものに入れておきましょう。
願いは、いくつでもかまいません。